汽车保险与理赔

主　编　尹　力
副主编　张连松　张　泽
参　编　马鹏勃

华中科技大学出版社
中国·武汉

内 容 简 介

全书共分 8 章,主要内容包括汽车保险基础、汽车保险种类与条款、汽车保险投保与承保、汽车保险费率与定价、汽车保险事故处理、汽车保险理赔实务、汽车保险欺诈识别与防范、汽车保险新技术与趋势。本书可供高等职业院校及职业本科院校的汽车、交通、保险等相关专业的学生使用,也可供从事汽车保险与理赔工作的研究和业务人员参考,或作为保险公司对汽车保险与理赔人员进行业务培训的教材。为了便于读者自主学习、提高学习效率,本书配备了视频资源,可通过手机扫描书中二维码观看。

图书在版编目(CIP)数据

汽车保险与理赔 / 尹力主编. -- 武汉 : 华中科技大学出版社,2025. 1. -- ISBN 978-7-5772-1422-1

Ⅰ. F842.63

中国国家版本馆 CIP 数据核字第 2025Y94F11 号

汽车保险与理赔   尹 力 主编

Qiche Baoxian yu Lipei

策划编辑:金 紫

责任编辑:白 慧

封面设计:原色设计

责任监印:朱 玢

出版发行:华中科技大学出版社(中国·武汉)   电话:(027)81321913

　　　　　武汉市东湖新技术开发区华工科技园   邮编:430223

录　　排:华中科技大学惠友文印中心

印　　刷:武汉市洪林印务有限公司

开　　本:787mm×1092mm　1/16

印　　张:11.25

字　　数:288 千字

版　　次:2025 年 1 月第 1 版第 1 次印刷

定　　价:48.00 元

前言
Preface

课程导学

在快速发展的现代社会,汽车作为人们日常生活和工作中不可或缺的交通工具,普及程度日益提高。随着汽车保有量的激增,汽车保险与理赔作为保障车主权益、分担事故风险的重要手段,其重要性和复杂性也日益凸显。这一领域的发展,恰是我国社会经济大步向前迈进的生动缩影,也与党和国家致力于提升人民生活品质、保障社会稳定运行的目标紧密相连。

党的二十大报告指出,要坚持以人民为中心的发展思想,推动高质量发展,增进民生福祉。在汽车保险与理赔领域深入贯彻这一精神,意味着我们要时刻将人民群众的需求放在首位,无论是确保车主在遭遇事故时能得到及时、足额的赔付,还是通过优化保险条款、费率等让车主享受到更公平、优质的服务,都是"以人民为中心"的直接体现。同时,推动行业高质量发展,要求我们不断精进专业知识,提升服务效率与质量,助力构建更加有序、高效的汽车保险市场环境,为社会民生兜底,为经济发展护航。

这本《汽车保险与理赔》教材融入了课程思政元素,也承载着育人的重任。一方面,它教导学生专业知识,让学生明白汽车保险与理赔背后复杂而严谨的运作体系,从保险的基本概念、种类、条款,到投保、承保、事故处理、理赔实务等各个环节,每一处细节都是诚信、专业、责任的彰显。当学生深入学习汽车保险欺诈识别与防范时,更是在树立正确的职业道德观,深知坚守底线、维护行业公正的意义。另一方面,通过案例分析、问题讨论、实践操作等教学活动,培养学生独立思考、分析问题和解决问题的能力,引导学生将个人成长与行业发展、社会责任紧密结合,成长为兼具专业素养与家国情怀的新时代人才。

本书旨在通过深入浅出的方式,向读者全面介绍汽车保险与理赔的基本知识、操作流程、法律法规以及最新发展趋势。我们力求在内容安排上既注重理论体系的完整性,又兼顾实践操作的实用性,使读者能够在掌握基础知识的同时,提升解决实际问题的能力。在编写过程中,我们充分借鉴了国内外汽车保险与理赔领域的最新研究成果和实践经验,结合我国汽车保险市场的实际情况,对教材内容进行了精心设计和编排。本书不仅涵盖了汽车保险的基本概念、种类、条款、费率与定价等基础知识,还深入探讨了汽车保险投保、承保、事故处理、理赔实务等关键环节,并对汽车保险欺诈识别与防范、新技术应用与未来发展趋势等前沿问题进行了展望和分析。

教材数字化和教育教学资源数字化是教材建设工作的重要组成部分,是纵深推进服务教育数字化战略行动、开辟发展新领域新赛道、塑造发展新动能新优势的重要内容。要坚持问题导向、应用导向、效果导向,聚焦数字教育发展战略需求,对标国际先进,针对数字教材建设中存在的问题深化研究,打造以数字教材为核心的数字化内容资源和产品体系,构建以数字教材为核心的服务教育新业态。由此,本书提供了丰富的数字资源,可扫描书中二维码观看。

此外,本书注重培养学生的综合素质和创新能力。通过案例分析、问题讨论、实践操作等多种形式的教学活动设计,激发学生的学习兴趣和积极性,培养其独立思考、分析问题和解决问题的能力。同时,本书还提供了丰富的习题及参考答案,以便读者进行自我检测和巩固提高。我们相信,通过本书的学习,读者将能够全面了解和掌握汽车保险与理赔的相关知识和技能,为未来的职业生涯打下坚实的基础。同时,我们也期待本书能够为汽车保险行业的健康发展贡献一份力量,推动保险行业更好地服务于社会经济发展大局。

本书编写分工如下:尹力负责编写第一章、第三章、第六章,张连松负责编写第四章、第五章,马鹏勃负责编写第七章和第八章,企业人员张泽负责编写第二章及全书案例收集。

最后,感谢所有参与本书编写和审校工作的专家、学者和同仁们的辛勤付出和无私奉献。由于时间仓促和水平有限,书中难免存在不足之处,恳请广大读者批评指正,我们将虚心接受您的宝贵意见,并在今后的修订中不断完善和提高。

编者

2024 年 10 月

本书数字资源列表

一、教学课件

教学课件

二、课程导学

课程导学

三、教学视频

互联网+汽车保险

交强险

保单的批改

保单的签发

保费的计算

保险利益原则和
最大诚信原则

保险合同特征

保险合同的
主体和客体

保险合同的
内容和形式

保险的概念与分类

保险的要素及特征

受理报案

定损	投保单及填写	新能源汽车保险	核保概述
核损	核赔	汽车保险概述	汽车保险欺诈的基础知识
汽车保险欺诈的识别与防范	汽车投保概述	现场查勘	立案
第三者责任险	结案	续保	认识汽车保险承保
认识汽车保险理赔	认识汽车保险险种	认识风险	赔款理算
车上人员责任险	车损险	近因原则和损失补偿原则	附加险
风险管理			

四、动画

风险	风险三要素案例	全国保险公众宣传日	近因原则案例
风险事故案例（一）	风险事故案例（二）	损失补偿原则案例	保险合同案例
保险合同的主体和客体案例	汽车保险险种案例（一）	汽车保险险种案例（二）	交强险案例
车损险案例	车上人员责任险案例	受案理赔案例	受案理赔案例（一）
定损案例	定损原则	汽车投保方案	认识汽车保险承保
续保			

目录
Contents

第一章 汽车保险基础

第一节 风险与保险概述

学习目标

1. 理解风险与风险管理,能够准确阐述保险的基本概念,理解保险作为一种风险转移和经济补偿机制的作用。

2. 深入理解并记忆保险的四大基本原则的内涵及其在法律和实践中的应用。

3. 能够分析保险的基本原则如何确保保险合同的公平性和有效性,并理解它们对保险行业发展的重要性。

4. 联系实际案例深化理解,在分析具体案例时,能够将保险的定义、分类及基本原则与实际情况相结合,增强理论联系实际的能力,提高问题解决能力和决策能力。

学习指导

1. 阅读并标注教材中关于保险概念的关键词汇,尝试用自己的话复述保险的本质和目的。

2. 列出并比较不同类型保险的特点、保障范围及适用对象,可制作思维导图或表格来清晰展示。

3. 通过案例分析,理解保险的基本原则,探讨违反原则的后果。

4. 组织小组讨论,选取一个保险案例,运用所学保险原则进行分析,讨论各环节中可能遇到的问题及解决方案。

通过本节的学习,你将全面掌握保险的基础知识,包括其定义、分类和基本原则,为深入学习汽车保险及其他保险领域的知识打下坚实的基础。同时,你将培养出良好的逻辑思维能力和问题解决能力,为将来从事保险相关工作或应对生活中的保险需求提供有力支持。

一、认识风险

(一)风险的含义

在日常生活与各类经济活动中,风险如同隐匿的暗流,时刻侵扰着人们的生活与活动。传统认知里,自然灾害如地震、洪水,能瞬间摧毁房屋、破坏基础设施,给人们的生命财产带来巨大损失;疾病的突发,可能让一个健康的人倒下,不仅身体遭受痛苦,还伴随着高额的医疗费用支出。而随着科技进步与社会变迁,新的风险形式也不断涌现,如黑客攻击、网络诈骗等。

风险是指未来将要发生而目前尚未发生某种损失的可能性。在保险学中,风险有时又称为危险,包含三层含义:一是客观存在的状态,二是与损失相伴随的状态,三是损失的发生具有不确定性的状态。

(二)风险的要素

风险因素、风险事件和损失构成了风险的三要素。

1. 风险因素

风险因素是指引起或增加风险事件发生的机会或影响损失程度的原因或条件。风险因素越多,风险事件发生的机会就越多,造成损失的可能性以及损失的程度越大。风险因素是导致风险事件的潜在原因,是隐藏于风险事件背后的、可能造成损失的内在的或间接的原因。

在现实生活中,风险因素一般可以分为 3 种类型,即实质风险因素、道德风险因素和心理风险因素。

(1)实质风险因素。

实质风险因素是指影响事物物理功能的直接有形因素。这种直接有形因素涉及事物本身所具有的物理性能和化学性能变化,影响风险发生的机会和损失发生的程度。例如,使用了不合格的汽车材料和采用了不合理的汽车结构是引起汽车运行事故的实质风险因素。

(2)道德风险因素。

道德风险因素是指由于人的不诚信甚至是恶意行为促使风险事件发生或扩大损失程度或引致人身伤亡的因素。道德风险因素是与人的品德修养有关的无形因素,如欺诈、纵火等骗保骗赔行为。

(3)心理风险因素。

心理风险因素是指由于人的主观疏忽或者过失,使风险事件发生的机会增多或者损失程度扩大的因素,这也是一种无形的因素。例如,停车忘了锁门导致被偷窃的风险增加;发动机水管陈旧、导线老化却没有及时更换,增加了发动机受损的可能性;传动带超期限使用,不及时更换,增加了敲缸发生的可能性;此外,还有投保后忽视风险的防范等。

2. 风险事件

风险事件是风险爆发的直接导火索,其类型繁杂、成因各异。在高速公路上,一辆车的急刹车可能引发多米诺骨牌效应,后续车辆避让不及,连环碰撞。此时,交警需要依据现场痕迹、行车记录仪、车辆碰撞位置等多方面证据,抽丝剥茧般厘清各车责任,保险公司则据此核算赔付金额。

3. 损失

损失涵盖直接与间接两大维度。直接损失一目了然,如车辆维修费用,撞后的车身修复、零部件更换等;若有人员伤亡,还涉及急救、住院、康复治疗等费用;以及撞坏公共设施、他人财物等财产赔偿。然而,间接损失犹如隐藏在暗处的冰山,不容忽视,比如事故导致车辆停运,对于运营车辆而言,间接损失有每日损失的商业收入,停运期间的租金、司机工资等开支。

(三)风险的特征

1. 客观性

风险是一种不以人的意志为转移,独立于人的意识之外的客观存在。无论是自然界的物质运动,还是社会发展的规律,都由事物的内部因素所决定,由超过人们主观意识所存在的客观规律所决定。例如,自然灾害如地震、洪水等,它们的发生是基于地球的地质构造、气候等客观因素,人类无法凭借主观意愿让其消失或者阻止其发生。

2. 普遍性

风险遍布于人类活动的方方面面,不分地域、行业与场景。小到个人日常生活中出门可能遭遇的交通事故,大到企业运营面临的市场波动、政策变化。

3. 不确定性

风险的不确定性主要表现在以下方面。

(1)空间上的不确定性。在拥堵的马路上,所有行驶中的机动车辆都面临发生交通事故的风险,但具体到某一机动车辆是否发生交通事故是不确定的。

(2)时间上的不确定性。事故何时发生不确定。

(3)风险发生的原因和损失程度具有不确定性。

4. 可变性

随着社会发展与环境变化,风险的性质、形式和影响范围也在改变。比如,互联网普及前,信息传播速度慢、范围窄,舆论风险相对可控;如今社交媒体盛行,一条不实信息经网络发酵,短时间就能掀起舆论风暴,影响企业声誉甚至社会稳定。再如,传统燃油汽车时代主要关注机械故障风险;新能源汽车兴起后,电池安全、续航焦虑等新风险随之而来,要求人们不断更新风险管理手段。

二、风险管理

风险管理

（一）风险管理的含义

风险管理是指个人、家庭和各种组织对可能遇到的风险进行风险识别、风险估测、风险评价，并在此基础上选择与优化组合各种风险管理方法，对风险实施有效控制并妥善处理风险所致的损失，从而以最小的成本获取最大的安全保障的决策及行动过程。在复杂多变的经济与社会环境中，风险管理至关重要。

（二）风险管理程序

风险管理程序包括风险识别、风险估测、风险评价、选择风险管理方法和评估风险管理效果。

1. 风险识别

风险识别是指对企业、家庭或个人面临的潜在风险加以判断、归类和对风险性质进行鉴定的过程。对风险的识别，既可以通过以往经验和直接感知进行判断，又可以借助各种客观的经营资料、会计和统计资料以及风险记录进行分析、归纳和整理，从而发现各种风险损害情况，尽可能把握风险的内在规律。风险识别是否全面、深刻，直接影响风险管理决策的质量，进而影响整个风险管理的最终效果。

2. 风险估测

风险估测是指在风险识别的基础上，通过分析搜集的大量资料，利用概率统计理论，估计和预测风险发生的概率和损失严重程度，为选择正确的风险处理方法提供依据。

3. 风险评价

风险评价是指在风险识别和风险估测的基础上，对风险发生的概率、损失程度，结合其他因素进行全面考虑，评估发生风险的可能性及其危害程度，并与公认的安全指标相比较，以衡量风险的程度，并决定是否需要采取相应的措施。通过对风险的定性、定量分析和比较处理风险所支出的费用，来确定风险是否需要处理和处理的程度，并判定为处理风险所支出的费用是否有效。风险评价是风险管理活动中的重要一环，对决策方向影响很大。

4. 选择风险管理方法

根据风险评价结果，选择最佳风险管理方法并实施。

5. 评估风险管理效果

评估风险管理效果是指对风险管理技术的适用性及收益情况的分析、检查、修正和评估。风险管理效益的大小，取决于是否能以最小的风险成本取得最大的安全保障，同时还要考虑风险管理与整体管理目标是否一致，是否有具体实施的可行性、可操作性和有效性。

（三）风险管理的方法

1. 控制型风险管理方法

避免：避免是指为了回避从事某项活动可能导致的风险损失而放弃某项活动的行为。

如传统制造业企业若缺乏互联网技术底蕴,谨慎涉足陌生的概念项目;个人旅游避开危险区域。

预防:预防是指在风险发生前通过消除或减少风险因素来降低损失发生频率所采取的措施。如坚持定期保养车辆,按保养手册更换机油、滤清器等,学习安全驾驶知识,防范事故于未然。

抑制:抑制是指风险事故发生时或发生后采取的各种防止损失扩大的措施。如企业配备完善的应急救援设备,制定详细应急预案,事故发生时各部门协同应对,以最大程度降低损失;个人家中配备急救包、灭火器,熟悉使用方法,遭遇突发状况能及时自救互救,抑制风险危害。

2. 财务型风险管理方法

自留:自留是指经济单位或个人自己承担全部风险成本的一种风险管理方法,即对风险的自我承担。如企业对小额设备维修、办公用品损耗等费用自行承担,不额外耗费理赔精力,将资源聚焦核心业务;个人对小额财物损坏(如手机屏幕轻微划痕)自行付费维修,节省理赔时间成本,同时合理预留应急资金应对日常小风险。

转移:风险转移是指一些单位或个人为避免承担风险损失而有意识地将风险损失或与损失有关的财务后果转嫁给另一些单位或个人去承担的一种风险管理方法。如企业购买财产险、公众责任险等保障运营资产与公众责任风险;个人配置重疾险、医疗险应对大病医疗费用,借助金融工具对冲投资风险,确保在重大风险冲击下财务稳定。

三、保险的概念与分类

保险的概念
与分类

(一)保险的概念

保险是一种经济行为,它基于合同关系,通过集合多数人的力量来分散和转移个体可能遭遇的风险和损失。具体来说,保险是一种投保人(即风险承担者)向保险人(即保险公司)支付一定的保险费,以换取在保险事故发生时,由保险人按照合同约定给予经济补偿或提供特定服务的权利。

(二)保险的分类

1. 按照保险标的分类

财产保险:以财产及其相关利益为保险标的的保险,如汽车保险、房屋保险等。

人身保险:以人的寿命和身体为保险标的的保险,如人寿保险、健康保险、意外伤害保险等。

2. 按照保险性质分类

社会保险:由国家通过立法形式强制实施的一种保险制度,旨在为社会成员提供基本生活保障,如养老保险、医疗保险等。

商业保险:由保险公司按照市场机制自主经营、自负盈亏的保险业务,包括各种财产保险和人身保险。

3. 按照保险经营方式分类

原保险：保险人与投保人直接签订保险合同，承担赔偿或支付保险金责任的保险。

再保险：保险人将其承担的保险业务，以分保形式部分转移给其他保险人的保险。

四、保险的基本原则

保险的基本原则是保险业务活动中必须遵循的基本准则，它们贯穿于保险合同的订立、履行、变更、解除和终止等各个环节。以下是四个基本原则的具体内容。

保险利益原则和
最大诚信原则

1. 保险利益原则

保险利益原则是指投保人或被保险人对保险标的必须具有法律上承认的、经济上的利害关系。只有当保险事故发生时，这种利害关系受到损害，被保险人才能请求保险人给予经济补偿。这一原则旨在防止赌博行为和道德风险的发生。

2. 最大诚信原则

最大诚信原则要求保险合同双方在订立和履行保险合同时，必须保持最大的诚意，履行如实告知和说明义务。投保人应如实告知保险标的的真实情况和风险状况，保险人也应如实说明保险合同的条款、责任免除等内容。

3. 近因原则

近因原则是指只有在造成保险标的损失的最直接、最有效的原因为承保范围的保险事故时，保险人才承担保险责任。在保险事故发生时，保险人应根据近因原则判断事故是否属于保险责任，从而确定是否承担赔偿责任。

近因原则和损
失补偿原则

4. 损失补偿原则

损失补偿原则是指当保险事故发生时，被保险人只能获得与其实际损失相等的经济补偿，不得因保险赔偿而获得额外利益。这一原则旨在防止被保险人通过保险不当得利，同时确保保险人的经济利益不受损害。在财产保险中，损失补偿原则尤为重要。

第二节 汽车保险的概念与特点

学习目标

1. 能够准确阐述汽车保险的定义，通过分析不同国家或地区汽车保险制度的特点，理解汽车保险在不同法律、经济环境下的差异性。

2. 能够梳理并概述汽车保险从诞生至今的主要发展阶段，包括起源、早期发展、现代化进程以及未来趋势。

3. 能够全面分析并总结汽车保险的主要特点。

学习指导

1. 阅读教材相关章节,收集国内外汽车保险制度的比较资料;分组讨论汽车保险在日常生活中的重要性,列举其作为风险转移工具的具体案例。

2. 自行构建汽车保险发展历程的时间线,标注关键事件和转折点。研究科技进步是如何改变汽车保险行业的,撰写小论文或制作 PPT 进行展示。

3. 制作表格,对比不同种类汽车保险的主要特点,分析其异同。

4. 总结与反思,完成一篇学习心得,总结汽车保险的定义、发展历程及主要特点,反思学习过程中遇到的挑战及解决策略。思考汽车保险行业未来的发展趋势,提出个人见解或创新想法,为行业进步贡献智慧。

汽车保险概述

一、汽车保险的定义

汽车保险的全称为机动车辆保险,简称车险,是指对机动车辆由于自然灾害或意外事故所造成的人身伤亡或财产损失负赔偿责任的一种商业保险。它是财产保险的一种,主要保障对象为各种类型的汽车,包括轿车、货车、客车等,同时也包括一些特殊车辆,如电瓶车、摩托车等。汽车保险的目的是通过经济补偿的方式,减轻因车辆损失或第三者责任而产生的经济负担,保障车主及第三者的合法权益。

二、汽车保险的发展历程

汽车保险的发展历程可以追溯到汽车工业的兴起。随着汽车的普及和道路交通的日益繁忙,汽车保险逐渐成为人们生活中不可或缺的一部分。以下是我国汽车保险发展的几个重要阶段。

初创与停办:1949 年中国人民保险公司成立,开始开办汽车保险业务。然而,由于当时社会环境和认识水平的限制,不久后就出现了争议,人们认为汽车保险及第三者责任保险可能导致交通事故增加,于是中国人民保险公司在 1955 年停止了汽车保险业务。

恢复与发展:20 世纪 70 年代,随着我国对外关系的开展,为满足各国驻华使领馆汽车的保险需要,中国人民保险公司开始办理以涉外业务为主的汽车保险业务。1980 年我国全面恢复国内保险业务,汽车保险也随之恢复。此后,汽车保险业务快速发展,保费收入逐年增加,逐渐成为财产保险的主要险种之一。

市场化改革:进入 21 世纪后,我国汽车保险市场经历了多次改革。其中,2001 年的车险费率市场化改革标志着我国车险开始逐步走向市场化、规范化。此后,车险费率、条款等方面不断完善和优化,为消费者提供了更加多样化和个性化的保险产品和服务。

三、汽车保险的法律基础

(一)法律法规

《中华人民共和国保险法》:作为我国保险行业的基本法律,该法为汽车保险提供了全面的法律框架。它不仅规范了保险公司的经营行为,还明确了保险合同的订立、履行、变更和解除等关键环节,保障了保险活动参与者的合法权益。具体而言,该法规定了保险人的资质要求、经营范围以及保险合同的要素、保险理赔的流程与原则等内容,为汽车保险市场的健康发展提供了坚实的法律保障。

《机动车交通事故责任强制保险条例》:这是针对机动车交通事故责任强制保险(简称"交强险")的专项法规。交强险是我国首个由国家法律规定实行的强制保险制度,其目的在于保障机动车道路交通事故受害人依法得到赔偿,促进道路交通安全。该条例详细规定了交强险的投保、承保、理赔等各个环节的操作流程和要求,确保了交强险制度的有效实施。

《国际道路交通公约》:虽然该公约主要关注的是国际道路交通的便利性和安全性,但它也为缔约国制定车辆保险制度提供了一定的指导和借鉴。通过该公约,各国可以在车辆保险领域加强合作与交流,共同推动汽车保险制度的完善和发展。

国际保险监督官协会(IAIS)的相关准则:IAIS作为国际保险监管领域的权威组织,其制定的相关准则对各国保险监管政策的制定和实施具有重要指导意义。在汽车保险领域,IAIS的准则可能涉及保险公司的资本充足率、风险管理、产品审批等方面,为各国保险监管机构提供了重要的参考依据。

(二)监管体系

1. 主要监管机构

作为国务院直属事业单位,国家金融监督管理总局负责银行业和保险业的监督管理,其中包括汽车保险市场的监管。该机构通过制定和执行相关政策法规,确保汽车保险市场的稳定运行和公平竞争。

2. 职责概述

(1)制定监管政策:根据国家法律法规和宏观经济政策,制定汽车保险市场的监管政策,包括费率监管、产品审批、市场行为监管等方面的规定。

①费率监管。

费率浮动制度:国家金融监督管理总局根据市场情况和风险水平,制定和调整汽车保险的费率浮动范围。保险公司在这一范围内自主确定具体费率,以反映不同车辆和驾驶员的风险状况。

报行合一:为了遏制车险市场的恶性竞争和违规行为,国家金融监督管理总局要求保险公司在车险业务中实行"报行合一",即保险公司报给监管部门的车险费率与实际执行的车险费率必须保持一致。

②产品审批。

产品备案制:保险公司开发新的汽车保险产品时,需要向国家金融监督管理总局进行备案。备案材料包括产品条款、费率表、精算报告等。监管部门对备案材料进行审核,确保产品符合法律法规和监管要求。

丰富产品供给:为了满足消费者多样化的需求,国家金融监督管理总局鼓励保险公司创新汽车保险产品,丰富产品供给,例如,针对新能源汽车的专属保险产品等。

③市场行为监管。

打击违规行为:国家金融监督管理总局对车险市场中的违规行为进行严厉打击,包括虚假宣传、误导销售、不正当竞争等行为。通过加大处罚力度和曝光典型案例等方式,形成有力震慑。

维护市场秩序:监管部门通过定期检查和不定期抽查等方式,对车险市场的运行情况进行监测和评估。对于发现的问题和风险隐患,及时采取措施进行整改和防范,维持市场的稳定和健康发展。

(2)实施监管措施:对保险公司进行日常监管,包括现场检查、非现场监管等手段,确保保险公司依法合规经营。

(3)保护消费者权益:建立投诉处理机制,处理消费者对汽车保险产品的投诉和纠纷,保护消费者的合法权益。

(4)推动行业发展:通过制定行业发展规划、引导产品创新等方式,推动汽车保险市场的健康发展。

四、汽车保险的主要特点

法定性与自愿性相结合:在我国,交强险是机动车必须投保的险种,具有法定性;商业车险则属于自愿投保范畴,车主可以根据自身需求选择是否投保以及投保的险种和保额。

广泛性与差异性并存:汽车保险的保障范围广泛,涵盖车辆损失、第三者责任、车上人员等多个方面;同时,由于车型、车辆用途、驾驶习惯等因素的差异,车险的保费和保障内容也存在一定的差异。

经济补偿与防灾防损相结合:汽车保险的基本职能是通过经济补偿的方式减轻因车辆损失或第三者责任而产生的经济负担;同时,保险公司还会通过提供防灾防损服务等方式降低事故发生的概率和损失程度。

服务性与专业性并重:汽车保险业务涉及多个领域的专业知识,如车辆评估、事故勘察、理赔处理等,因此,保险公司需要提供专业的服务和技术支持以满足客户的需求。同时,良好的服务态度和服务质量也是提升客户满意度和忠诚度的重要因素之一。

第三节　国内外汽车保险市场概况

学习目标

1. 能够准确描述国内汽车保险市场的现状,包括市场规模、增长率、主要参与者等关键指标。

2. 能够识别并阐述国内汽车保险市场的独特特点,如地区差异、消费者偏好、产品同质化与差异化并存等现象。

3. 能够明确中国保险监管机构的职能和作用,理解其在汽车保险市场中的监管角色。

4. 掌握国内汽车保险相关的法律法规体系,包括《中华人民共和国保险法》《机动车交通事故责任强制保险条例》等核心法规,理解其对市场行为的规范作用。

学习指导

1. 收集最新的市场报告、统计数据,分析国内汽车保险市场的规模、增长率、渗透率等关键指标。基于历史数据和当前市场动态,鼓励学生进行汽车保险市场未来趋势的预测,并讨论可能影响市场发展的因素。

2. 选取不同地区的汽车保险市场案例,分析地区差异以及消费者行为、产品创新等方面的特点,组织学生分组讨论市场特点对保险公司战略的影响,以及保险公司如何适应市场变化。

3. 指导学生阅读并理解《中华人民共和国保险法》《机动车交通事故责任强制保险条例》等核心法规,总结其对汽车保险市场的规范作用。

4. 设计模拟场景,让学生分别扮演监管机构、保险公司、消费者等角色,体验法规执行和市场监管的过程,加深对保险监管机构与法规体系的理解。

一、国内汽车保险市场概况

(一)市场规模

1. 保费收入

2023 年中国车险保费收入为 8673 亿元,同比增长 5.64%。虽然增速较以往有所放缓,但车险市场仍然保持着稳定增长的趋势。车险保费收入的稳步增长,得益于多方面因素的共同作用。

首先,汽车保有量的持续增加为车险市场提供了庞大的潜在客户群体,每一辆新增的汽车都是车险保费的潜在来源。随着中国汽车市场的不断成熟和消费者对汽车依赖性的增强,车险保费收入的自然增长趋势得以确立。其次,车险市场的不断规范也为保费收入的增长提供了有力保障。近年来,监管部门加强了对车险市场的监管力度,推动了一系列旨在提升市场透明度、保护消费者权益的改革措施。这些措施的实施,有效遏制了不正当竞争行为,提高了车险产品的性价比,从而激发了消费者的购买意愿,促进了保费收入稳步增长。

展望未来,随着中国经济的持续发展和居民收入水平的不断提高,汽车消费将继续保持增长态势,进而推动车险市场的进一步扩大。同时,随着车险市场的不断规范和创新,以及消费者对车险产品需求的多样化、个性化发展,预计未来几年中国车险市场保费收入将继续保持稳健增长。

2. 市场结构与特点

车险在中国财产保险的保费收入结构中占据重要地位,2023 年车险保费收入在财产保险总保费收入中的占比为 54.7%。

交强险作为法定保险,是中国汽车保险市场的基础组成部分。它主要承担因被保险机动车发生道路交通事故造成受害人(不包括本车人员和被保险人)的人身伤亡、财产损失,在责任限额内予以赔偿的保险责任。交强险的费率由国家统一规定,具有强制性和普惠性特点,确保了所有机动车在道路上行驶时都具备一定的风险保障。

商业车险则提供了更为广泛和灵活的保障选择。随着车险改革的推进,商业车险的险种日益丰富,涵盖了车损险、第三者责任险、车上人员责任险、盗抢险、玻璃单独破碎险、自燃损失险等多个险种。近年来,商业车险的保障范围不断扩大,赔付比例也有所提升,以更好地满足消费者的多样化需求。同时,保险公司还通过推出增值服务、定制化产品等方式提升客户体验。

3. 汽车保有量

根据多个权威来源的信息,截至 2023 年底,中国汽车保有量达到了 3.36 亿辆,其中新能源汽车保有量达 2041 万辆,占汽车总量的 6.07％;纯电动汽车保有量达 1552 万辆,占新能源汽车保有量的 76.04％。全国有 94 个城市的汽车保有量超过百万辆,与 2022 年相比增加 10 个城市。其中,43 个城市超 200 万辆,25 个城市超 300 万辆。成都、北京、重庆、上海、苏州等 5 个城市的汽车保有量超过 500 万辆。

随着汽车保有量的不断攀升,车险市场作为汽车产业链中不可或缺的一环,正迎来前所未有的发展机遇。

车险作为保障车主利益、分散车辆使用风险的重要手段,其市场需求不断攀升。此外,汽车保有量的增长还带动了汽车后市场的繁荣,包括汽车维修、保养、配件销售在内的多个领域均受益匪浅。这些领域的蓬勃发展,进一步拓宽了车险服务的边界,为保险公司带来了更多提供增值服务的机会,如道路救援、代驾服务、车辆检测等,从而增强了客户黏性,提升了客户满意度。

4. 竞争格局

我国汽车保险市场竞争格局表现为市场集中化与多元化并存。

主要保险公司:国内汽车保险市场呈现出高度集中的竞争格局,以中国平安、中国财险(PICC)、中国太保为代表的几家大型保险公司占据了市场的主要份额。这些公司在资金实力、品牌知名度、销售渠道和服务网络等方面具有显著优势,能够为客户提供全面、专业的保险服务。

中小保险公司崛起:尽管市场集中度较高,但中小保险公司也通过差异化竞争、特色化经营等方式逐步崛起。它们利用自身在特定领域或地区的专业优势,推出具有针对性的保险产品,吸引特定客户群体。同时,中小保险公司还通过加强技术创新、提升服务质量等方式提升市场竞争力。

产品创新与服务升级:在激烈的市场竞争中,保险公司不断加大产品创新力度,推出更加符合消费者需求的保险产品,例如,针对新能源汽车的专属保险产品、针对女性驾驶员的保险产品等。同时,保险公司还注重提升客户服务水平,通过优化理赔流程、提高理赔效率、加强客户沟通等方式提升客户满意度和忠诚度。

数字化转型:随着科技的不断进步,数字化转型已成为汽车保险市场的重要趋势。保险公司通过运用大数据、人工智能、区块链等先进技术手段,提升风险管理能力、优化业务流程、提高服务效率。例如,利用大数据技术构建客户画像和进行风险评估,实现精准定价和个性化服务;利用人工智能技术提高理赔效率和准确性;利用区块链技术提升数据透明度和安全性等。这些技术的应用将有助于推动汽车保险市场的进一步发展和创新。

（二）发展趋势

1. 车险费率市场化

（1）深化改革，激发市场活力。

近年来，车险费率市场化改革持续推进，其核心在于赋予保险公司更大的定价自主权。这一改革措施旨在打破过去费率统一、竞争不充分的市场格局，鼓励保险公司根据车辆风险、驾驶行为、历史赔付记录等多维度数据，科学合理地制定车险费率。这不仅促进了车险市场的竞争，也激发了保险公司在产品创新、服务升级等方面的活力。随着车险费率市场化的不断深入，预计未来车险市场将更加细分化、个性化，以满足不同消费者的多样化需求。

（2）提升市场效率，优化资源配置。

车险费率市场化还有助于提升市场效率，优化资源配置。通过引入市场机制，保险公司将更加注重风险管理和成本控制，提高经营效率。同时，市场竞争的加剧也促使保险公司不断优化服务流程，提升服务质量，以吸引和留住客户。这将有助于实现车险市场的优胜劣汰，推动整个行业健康发展。

2. 科技赋能

（1）大数据与人工智能的深度应用。

随着大数据、人工智能等科技的快速发展，科技赋能已成为车险市场的重要趋势。保险公司利用大数据技术进行海量数据的收集和分析，可以更准确地评估车辆风险、预测赔付趋势，为科学定价和风险管理提供有力支持。同时，人工智能技术的应用也使得理赔流程更加智能化、自动化，大大提高了理赔效率和准确性。未来，随着技术的不断进步和应用的深入，科技将在车险市场中发挥更加重要的作用。

（2）提升客户体验，增强用户黏性。

科技赋能还带来了客户体验的全面升级。保险公司通过构建智能化服务平台，实现线上线下的无缝对接，为客户提供更加便捷、高效的保险服务。例如，通过移动 APP 或微信小程序等渠道，客户可以随时随地查询保单信息、提交理赔申请、享受增值服务等。这种便捷的服务方式不仅提升了客户满意度，也增强了客户对保险公司的信任和忠诚度。

3. 新能源车险市场

（1）新能源汽车的普及推动车险市场增长。

随着新能源汽车的普及和发展，新能源车险市场正成为车险市场的新增长点。新能源汽车在动力系统、驾驶模式等方面与传统燃油车存在显著差异，因此其保险需求和风险特征也有所不同。为了满足市场需求，保险公司纷纷推出针对新能源汽车的专属保险产品，包括电池损失险、充电桩责任险等特色险种。这些产品的推出不仅丰富了车险市场的产品线，也为新能源汽车的普及提供了有力的保障。

（2）创新驱动，引领行业发展。

新能源车险市场的兴起还带动了整个车险行业的创新发展。为了抢占市场先机，保险公司不断加大在新能源车险领域的研发投入，推动产品创新和服务升级。同时，随着新能源汽车技术的不断进步和市场的日益成熟，新能源车险市场也将迎来更加广阔的发展空间。这将为车险行业带来新的增长点和发展机遇，推动整个行业向更加专业化、智能化的方向迈进。

（三）国内保险监管机构与法规体系

1．中国保险监管机构

中国保险监管机构主要包括国家金融监督管理总局（原中国银行保险监督管理委员会）及其派出机构。国家金融监督管理总局负责全国保险市场的监管工作，包括制定和执行保险监管政策、审查保险机构的设立和业务范围、监管保险机构的经营行为等。

2．法规体系

中国保险业的法规体系以《中华人民共和国保险法》为核心，辅以一系列行政法规、部门规章和规范性文件。这些法规文件对保险机构的设立、经营行为、资金运用、偿付能力等方面进行了全面规范。

此外，为了加强对车险市场的监管，国家金融监督管理总局还制定了一系列针对车险市场的监管政策和措施，如车险综合改革、交强险和商业车险的费率调整等。

3．监管目标与原则

监管目标：确保保险合同公平、透明、合规，保护消费者权益，维护市场秩序，促进保险行业稳健发展。

监管原则：以风险为导向，强化事前、事中和事后监管；坚持公平、公正、公开原则，保障市场主体的合法权益；加强国际合作与交流，提升监管水平。

二、国外汽车保险市场概况

（一）市场规模与增长

1．全球市场

根据权威市场研究机构QYR（恒州博智）的最新数据，2023年全球商用车辆保险市场销售额已攀升至1510.2亿美元。这一数字不仅彰显了汽车保险行业的庞大体量，更预示着其强劲的增长潜力。展望未来，预计至2030年，这一市场销售额将实现跨越式增长，达到2332.5亿美元，其间年复合增长率（CAGR）稳定在6.5％（2024—2030年），充分说明了全球汽车保险市场在复杂多变的全球经济环境中仍能保持稳定的增长态势。

2．地区差异

在全球化的浪潮下，汽车保险市场的地区差异依然显著。欧洲地区以其悠久的保险历史和完善的保险体系，在汽车保险市场中占据领先地位，收入贡献突出。而北美市场得益于其高度发达的经济体系和庞大的汽车保有量，同样展现出强劲的市场活力。亚洲市场，特别是中国、印度等新兴经济体，随着中产阶层的崛起和汽车消费的快速增长，汽车保险市场正经历着前所未有的扩张，成为全球增长的重要引擎。

（二）市场特点

1．法律法规完善

在全球范围内，多数国家和地区都已建立起健全的汽车保险法律法规体系，为汽车保险市场的健康运行提供了坚实的制度保障。这些法规不仅规范了保险公司的经营行为，还明确了消费者的权益保护，促进了市场的公平竞争和良性发展。

2．产品创新

面对消费者日益多元化的需求,国外保险公司积极响应,不断推出创新的车险产品。这些产品不仅覆盖了传统车险的保障范围,还针对特定人群(如年轻驾驶员、老年人)和特定车辆(如新能源汽车、高性能汽车)的特定风险,提供了定制化的保险解决方案,进一步增强了市场的吸引力和竞争力。

3．科技应用

科技革命正在深刻改变着汽车保险行业的面貌。国外保险公司广泛运用大数据、人工智能、物联网等先进技术,提升风险识别能力,优化理赔流程,提高服务效率。例如,通过车载传感器收集驾驶行为数据,保险公司能够更精准地评估风险,为驾驶习惯良好的车主提供保费优惠;同时,智能化的理赔系统也大大缩短了理赔周期,提升了客户满意度。

(三) 发展趋势

1．数字化转型

在数字化浪潮的推动下,国外汽车保险市场正加速向数字化转型。保险公司纷纷构建数字化平台,整合线上线下资源,提供更加便捷、个性化的服务体验。通过大数据分析,保险公司能够更深入地了解客户需求和市场变化,从而调整产品策略和服务模式,提升市场竞争力。

2．可持续发展

面对全球气候变化和资源紧张的挑战,可持续发展已成为各行各业的重要议题。国外保险公司也不例外,它们开始将绿色保险理念融入车险市场,推出低碳环保的保险产品,支持新能源汽车的普及和推广。这不仅有助于减少碳排放,保护生态环境,还能引导消费者形成绿色消费观念,推动整个社会的可持续发展。

3．跨界合作与生态系统构建

随着市场竞争的加剧和消费者需求的多样化,国外汽车保险公司开始寻求跨界合作,构建更加广泛的生态系统。这种合作不局限于保险行业内部,还涉及汽车制造商、金融科技公司、健康服务提供商等多个领域。通过共享数据、整合资源,保险公司能够为客户提供更加全面、无缝的服务体验。例如,与汽车制造商合作,将车辆保养、维修服务与保险保障相结合,为客户提供一站式解决方案;与金融科技公司合作,利用区块链技术提高数据透明度,简化理赔流程;与健康服务提供商合作,为车主提供健康管理服务,降低因健康问题导致的驾驶风险。

4．个性化与定制化服务

随着技术的进步和消费者偏好的变化,个性化与定制化服务成为国外汽车保险市场的重要趋势。保险公司通过收集和分析大量数据,能够深入了解客户的驾驶习惯、用车需求、风险偏好等信息,从而为客户提供量身定制的保险产品和服务。这种个性化服务不仅有助于提升客户满意度和忠诚度,还能帮助保险公司更准确地评估风险,制定合理的保费价格。

5．智能化理赔与风险管理

智能化理赔是国外汽车保险市场未来的重要发展方向。通过引入人工智能、机器学习等先进技术,保险公司能够自动化处理理赔申请,快速识别欺诈行为,提高理赔效率和准确性。同时,智能化风险管理也将成为保险公司的核心竞争力之一。通过实时监测车辆状态、驾驶行为等数据,保险公司能够及时发现潜在风险,提前采取措施进行干预,降低事故发生的概率和损失程度。

6. 监管环境的适应与变革

随着全球监管环境的不断变化,国外汽车保险公司需要积极适应并引领监管变革。一方面,保险公司需要严格遵守各项法律法规,确保业务合规;另一方面,保险公司需要积极参与监管政策的制定和讨论,为行业的健康发展贡献智慧和力量。此外,随着全球监管趋势的趋同和合作加强,跨国保险公司还需要关注不同国家和地区的监管差异,加强国际合作与交流,共同应对全球性挑战。

(四)国外保险监管机构与法规体系

由于国外保险市场涉及多个国家和地区,下面以几个典型国家为例进行说明。

1. 保险监管机构

美国:美国保险监督官协会(NAIC)和各州保险监管部门共同负责对保险公司经营合规性进行监管,并制定行业标准和执行保险法律法规。

欧洲:欧洲保险和职业养老金管理局(EIOPA)是欧盟的保险监管机构,负责协调和监督欧盟成员国的保险市场,确保欧洲保险市场的稳定和一致。

英国:金融行为监管局(FCA)和审慎监管局(PRA)共同负责监管英国的保险市场,其中FCA主要负责行为监管,PRA则负责审慎监管。

2. 法规体系

各国保险法规体系各具特色,但均强调对消费者权益的保护、对保险公司经营的监管以及对市场秩序的维护。

例如,美国的保险法规通常包括州级和联邦级两个层面,对保险产品的设计、销售、理赔等方面进行了详细规定。欧洲则通过欧盟层面的指令和各国国内的法律法规构成了一套相对完善的保险法规体系。英国的保险法规体系则注重灵活性和适应性,能够根据市场变化及时进行调整。

国内外汽车保险市场均呈现出不同的特点和发展趋势。在中国,车险市场保持稳定增长,新能源汽车保险成为新增长点;而在全球范围内,车险市场规模庞大且持续增长,竞争格局多样。同时,各国都建立了相应的保险监管机构和法规体系来规范市场秩序和保护消费者权益。

【案例】

小张的驾车风险管理与汽车保险选择

小张是一名即将毕业的大学生,专业是车辆工程。在实习期间,他获得了一辆二手轿车作为代步工具,每天往返于学校与实习单位之间,偶尔还会驾车参与周末的公益活动,为偏远山区的孩子运送学习用品。随着驾车经验的增加,小张逐渐意识到驾驶中可能存在各种风险,并开始思考如何有效管理这些风险,同时考虑为自己的爱车投保合适的汽车保险。

一、风险与风险管理在小张生活中的应用

小张意识到,驾驶过程中可能存在的风险包括交通事故、车辆损坏、人身伤害等,这些风险具有不确定性、损失性和客观性。他分析了风险的来源,如路况、天气、驾驶员状态、风险事件和风险结果(包括经济损失、法律责任)。

小张决定采取一系列措施来管理风险,包括遵守交通规则,定期检查车辆,保持良好的驾驶习惯,不酒驾、不疲劳驾驶,并安装行车记录仪以提供证据。此外,他还学习了基本的急救知识,以备不时之需。

二、汽车保险与小张的选择

在了解风险管理的基础上,小张开始研究汽车保险,他学习了《中华人民共和国道路交通安全法》和《机动车交通事故责任强制保险条例》,认识到购买交强险是法律要求,同时也考虑到购买其他商业险的必要性。

小张在比较了多家保险公司的产品和服务后,选择了一家信誉良好、服务周到的公司,购买了交强险、车损险、第三者责任险和驾驶员座位险。他特别看重公司的理赔效率和客户服务,认为这能在关键时刻提供重要保障。

三、国内外汽车保险市场概况与小张的思考

小张通过网络和图书馆资源,了解了国内外汽车保险市场的差异,包括保费计算方式、保险产品类型、监管政策等。他发现,随着技术的发展,如车联网、大数据的应用,保险行业正逐步向个性化、智能化服务转型。

小张意识到,作为车辆工程专业的学生,他不仅要掌握汽车技术,还应具备风险管理和保险意识,这不仅关乎个人安全,也是对社会负责的表现。他积极参与学校的"交通安全教育"志愿服务项目,向同学们普及驾驶安全知识和汽车保险的重要性,鼓励大家成为有责任感、有担当的新时代青年。

练习题

一、选择题

1.风险的基本特征不包括(　　)。

A.客观性　　　　B.主观性　　　　　C.不确定性　　　　D.可测性

2.风险要素中的损失是指(　　)。

A.风险发生后的经济后果　　　　B.风险发生前的预防措施费用

C.风险管理的成本　　　　D.保险公司的利润

3.风险管理的首要步骤是(　　)。

A.风险识别　　　　B.风险衡量　　　　C.风险处理　　　　D.风险监控

4.以下哪项不属于风险管理的方法?(　　)

A.风险回避　　　　B.风险转移　　　　C.风险自留　　　　D.寻求政府援助

5.风险管理的最终目标是(　　)。

A.消除所有风险　　　　B.最小化风险带来的损失

C. 追求最大利润　　　　　　　　D. 提高公司知名度

6. 下列哪项不属于风险的要素?(　　　)

A. 风险因素　　　B. 风险事件　　　C. 风险损失　　　D. 风险控制

7. 保险利益原则要求投保人或被保险人对保险标的应具有的利益是(　　　)。

A. 经济上的利益　B. 法律上的利益　　C. 道德上的利益　　D. 政治上的利益

8. 最大诚信原则主要体现在保险合同的哪个阶段?(　　　)

A. 合同订立前　　B. 合同履行中　　C. 合同终止后　　D. 合同全过程中

9. 损失补偿原则主要适用于(　　　)。

A. 人身保险　　　B. 财产保险　　　C. 再保险　　　　　D. 责任保险

10. 近因原则在确定保险责任时,关注的是(　　　)。

A. 导致损失发生的直接原因　　　　B. 导致损失发生的间接原因

C. 损失发生的时间　　　　　　　　D. 损失发生的地点

二、问答题

1. 解释风险的含义及其基本要素。

2. 风险管理的程序包括哪些步骤?

3. 举例说明风险转移的常见方式。

4. 风险的特征有哪些?

5. 谈谈你对风险管理重要性的认识。

第一章练习题答案

第二章　汽车保险种类与条款

第一节　交强险概述

学习目标

1. 能够准确阐述交强险的定义,掌握交强险的法律依据,主要包括《中华人民共和国道路交通安全法》《机动车交通事故责任强制保险条例》等相关法律法规,理解其制定背景和目的。

2. 掌握交强险的保障范围与限额,能够详细列出交强险的保障范围,明确交强险的赔偿限额,理解这些限额的设定依据和实际应用。

学习指导

1. 预习《中华人民共和国道路交通安全法》《机动车交通事故责任强制保险条例》等相关法律法规的摘要或解读文章。

2. 结合案例分析,深入浅出地讲解交强险的定义、法律依据及其重要性。

3. 分组讨论交强险的强制性与必要性,探讨其对社会稳定、经济发展的作用。

4. 拓展学习,引导学生关注国家关于交强险政策的最新动态,如赔偿限额的调整、保障范围的扩大等。

一、交强险的定义与法律依据

交强险　　交强险案例

(一)交强险的定义

交强险,全称为机动车交通事故责任强制保险,是我国法律规定实行的一项强制性的交通保险制度。它是在我国交通事故责任强制保险制度下,由车辆所有人或管理人以被保险机动车为标的物投保的一种责任型保险。设立交强险的目的是保障交通事故中受害人的合法权益,确保受害人能够及时获得经济补偿。

(二)法律依据

交强险的法律依据主要源自《中华人民共和国道路交通安全法》《中华人民共和国保险法》以及《机动车交通事故责任强制保险条例》等法律法规。这些法律条文详细规定了交强险的设立目的、合同构成、费率机制、保险责任、赔偿限额以及垫付与追偿等内容。

例如,《机动车交通事故责任强制保险条例》第三十八条规定:"机动车所有人、管理人未按照规定投保机动车交通事故责任强制保险的,由公安机关交通管理部门扣留机动车,通知机动车所有人、管理人依照规定投保,处依照规定投保最低责任限额应缴纳的保险费的2倍罚款。机动车所有人、管理人依照规定补办机动车交通事故责任强制保险的,应当及时退还机动车。"旨在强制机动车所有人、管理人履行投保义务,确保机动车在道路上行驶时具备基本的保险保障。

二、交强险的保障范围与限额

(一)保障范围

交强险的保障范围主要包括以下几个方面。

第三者责任险:当被保险机动车发生交通事故造成第三者人身伤亡、财产损失时,保险公司将依法承担赔偿责任。这里的第三者不包括被保险机动车本车车上人员、被保险人。

医疗费用赔偿:承担交通事故引发的伤者医疗费用,包括医疗、食宿、康复和营养费等支出。

财产损失赔偿:因交通事故造成的第三方财务损失,同样由保险公司负责赔偿。

(二)赔偿限额

2020年9月2日中国银行保险监督管理委员会发布《关于实施车险综合改革的指导意见》,将交强险的总责任限额从原来的12.2万元提高到了20万元。这一调整自2020年9月19日起开始施行。根据现行规定,交强险的赔偿限额分为有责任和无责任两种情况,如表2-1所示。

表 2-1　交强险的赔偿限额

赔偿项目	有责任限额	无责任限额
死亡伤残赔偿	180 000 元	18 000 元
医疗费用赔偿	18 000 元	1800 元
财产损失赔偿	2000 元	100 元

需要注意的是,这些赔偿限额是在每次事故中的最高赔偿金额,并非累计赔偿金额。

（三）责任免除

根据相关规定,下列损失和费用交强险不负责赔偿和垫付。

受害人故意造成的交通事故的损失:如果道路交通事故的损失是由受害人故意造成的,保险公司将不予赔偿。这体现了交强险制度中对于受害人不当行为的惩罚性原则。

被保险人所有的财产及被保险机动车上的财产遭受的损失:包括被保险人自身的财产损失以及被保险机动车上所载物品的损失。因为这些损失与交强险的保障对象——交通事故中的第三方受害人——不直接相关,所以不属于交强险的赔偿范围。

间接损失:被保险机动车发生交通事故,致使受害人停业、停驶、停电、停水、停气、停产、通信或者网络中断、数据丢失、电压变化等造成的损失,以及受害人财产因市场价格变动造成的贬值、修理后因价值降低造成的损失等其他各种间接损失,也不在交强险的赔偿之列。这些损失往往难以准确计算和衡量,且与交通事故不存在直接的因果关系。

因交通事故产生的仲裁或者诉讼费用以及其他相关费用:这些费用属于交通事故处理过程中的程序性费用,而非对受害人实际损害的补偿,因此不属于交强险的赔偿范围。

（四）交强险的垫付和追偿

交强险的垫付和追偿是交强险理赔过程中的重要环节,主要涉及保险公司在特定情况下为受害人垫付抢救费用,并在垫付后有权向致害人追偿。

1. 交强险垫付

（1）垫付条件。

保险公司垫付抢救费用需要满足以下条件:

①符合《机动车交通事故责任强制保险条例》第二十二条规定的情形,包括驾驶人未取得驾驶资格或者醉酒、被保险机动车被盗抢期间肇事、被保险人故意制造道路交通事故等。

②接到公安机关交通管理部门出具的垫付通知书。

③受害人必须抢救,且抢救费用已经发生,抢救医院提供了抢救费用单据和明细项目。

④不属于应由道路交通事故社会救助基金垫付的抢救费用。

（2）垫付方式。

保险公司在收到交警部门出具的书面垫付通知、伤者病历/诊断证明、抢救费用单据和明细之日起,会向抢救受害人的医院出具“承诺垫付抢救费用担保函”,或将垫付款项划转至抢救医院在银行开立的专门账户,不进行现金垫付。

2. 交强险追偿

（1）追偿条件:根据《机动车交通事故责任强制保险条例》的相关规定,保险公司在垫付

抢救费用后,有权向致害人追偿。特别是当事故是由以下情形之一造成时:

①驾驶人未取得驾驶资格或者醉酒。

②被保险机动车被盗抢期间肇事。

③被保险人故意制造道路交通事故。

(2)追偿流程:对于所有垫付的案件,保险公司在垫付后有权向致害人追偿。追偿收入在扣减相关法律费用(包括诉讼费、律师费、执行费等)、追偿费用后,全额冲减垫付款。

(3)注意事项。

及时报案:发生交通事故后,应及时向交警部门和保险公司报案,以便尽快处理理赔事宜。

收集证据:在理赔过程中,应妥善保管相关证据,如事故证明、垫付通知书、医疗费用单据和明细等。

遵守法律法规:在垫付和追偿过程中,应严格遵守相关法律法规和保险合同的规定,确保理赔过程的合法性和有效性。

(五)保险期间

一般情况下,交强险的保险期间为一年。然而,在一些特殊情况下,投保人可以投保短期机动车交通事故责任强制保险。这些情况包括以下方面。

(1)境外机动车临时入境:当境外机动车临时进入中国境内行驶时,可以投保短期交强险。

(2)机动车临时上道路行驶:某些机动车可能因特殊原因(如新车购买后尚未正式上牌、车辆维修后试车等)需要临时上道路行驶,此时可以投保短期交强险。

(3)机动车距规定的报废期限不足1年:对于即将达到报废标准的机动车,车主可以投保短期交强险以覆盖其剩余的使用期限。

(六)交强险合同变更与终止

1. 交强险合同变更

(1)变更条件。

在交强险合同有效期内,如果被保险机动车的所有权发生转移,投保人需要及时通知保险人并办理合同变更手续。这种变更属于强制保险合同主体的变更,是为了保证机动车交通事故责任强制保险合同的连续性。

(2)变更流程。

①投保人应当及时通知保险公司,告知机动车所有权转移的情况。

②投保人前往保险公司办理交强险合同变更手续,提交相关证明材料,如机动车所有权转移证明、新的行驶证和驾驶证复印件等。

③保险公司在审核无误后,会依法办理合同变更手续,确保被保险人和车辆信息得到更新。

(3)注意事项。

投保人必须如实告知重要事项,包括机动车的种类、厂牌型号、识别代码、号牌号码、使用性质以及机动车所有人或管理人的信息等。如果投保人未如实告知重要事项,对保险费计算有影响的,保险公司有权按照保单年度重新核定保险费计收。

2. 交强险合同终止

（1）终止条件。

交强险合同可以在以下三种情况下终止：

①被保险机动车被依法注销登记。

②被保险机动车办理停驶。

③被保险机动车经公安机关证实丢失。

（2）终止流程。

①投保人需要向保险公司提出解除交强险合同的申请，并说明终止合同的原因。

②投保人应当及时将保险单、保险标志交还给保险公司；如果无法交还保险标志，应当向保险公司说明情况并征得同意。

③保险公司在审核无误后，会按照日费率收取自保险责任开始之日起至合同解除之日止的保险费，并退还剩余的保险费。

（3）注意事项。

交强险合同终止后，被保险机动车将不再享受交强险的保障。投保人应及时了解交强险的保障范围和限额，以便在发生事故时能够及时采取措施并承担相应的责任。

第二节　商业车险基础

学习目标

1. 理解商业车险种类及其基本概念，掌握车辆损失险、第三者责任险、车上人员责任险、盗抢险、车身划痕险、不计免赔险等商业车险的基本定义和保障范围。

2. 理解各种商业车险在车辆保险体系中的作用和重要性。

3. 熟悉附加险种及其特点，深入理解一般附加险的保险责任和适用范围；掌握特别附加险和特殊附加险的特定保险场景和保障内容。

4. 能够通过阅读保险条款，理解不同险种的具体保障细节、免责条款及理赔流程。

5. 能根据车辆实际情况和个人需求选择合适的商业车险组合。

学习指导

1. 阅读保险公司的实际保险条款，了解不同险种的详细保障内容和限制条件。

2. 积极参与课堂讨论，分享对商业车险种类及其条款的理解。

3. 通过案例分析，深入理解不同险种在实际应用中的作用和效果。

4. 分组模拟保险咨询场景，分角色扮演客户和保险顾问，进行商业车险的推荐与解释。

5. 分析实际交通事故案例，讨论不同险种在事故中的赔付情况及影响因素。

6. 关注保险行业的最新动态和政策变化,了解商业车险市场的发展趋势。尝试使用在线保险平台或 APP,了解不同保险公司的商业车险产品和价格,进行性价比分析。

认识汽车保险险种　　汽车保险险种案例(一)

一、商业车险种类

《中国保险行业协会机动车商业保险示范条款(2020 版)》(以下简称《示范条款(2020 版)》)是由中国保险行业协会根据《中华人民共和国保险法》等法律法规制定的,旨在规范保险公司经营行为,保护保险当事人的合法权益。

《示范条款(2020 版)》将机动车商业保险分为主险和附加险两大类。

1. 主险

机动车损失保险:承担因自然灾害、意外事故等造成被保险机动车直接损失的经济赔偿责任。

机动车第三者责任险:承担被保险机动车在使用过程中发生意外事故,导致第三者遭受人身伤亡或财产损失时,依法应由被保险人承担的经济赔偿责任。

机动车车上人员责任险:承担被保险机动车在使用过程中发生意外事故,导致车上人员遭受人身伤亡时,依法应由被保险人承担的经济赔偿责任。

2. 附加险

附加险不能独立投保,需在投保主险的基础上选择。附加险种类较多,包括但不限于以下险种。

发动机涉水损失险:承担因发动机进水而导致的发动机直接损毁的经济赔偿责任。

车身划痕损失险:承担无明显碰撞痕迹的车身划痕损失的经济赔偿责任。

自燃损失险:承担因车辆电器、线路、供油系统发生故障或运载货物自身原因起火燃烧造成被保险车辆的损失的经济赔偿责任。

玻璃单独破碎险:承担被保险车辆在使用过程中挡风玻璃或车窗玻璃的单独破碎损失的经济赔偿责任。

此外,还有修理期间费用补偿险、精神损害抚慰金责任险、机动车增值服务特约条款等新增附加险种,为车主提供更多元化的选择。

二、主险介绍

车损险　　　　　车损险案例

(一)机动车损失保险(车损险)

车损险是商业车险中最基础的险种之一,旨在为被保险人或其允许的驾驶人在驾驶被保险车辆时发生意外事故或遇到自然灾害,导致车辆受损时提供经济赔偿。保险公司在合理范围内对车辆的直接损失进行赔偿,造成车辆损失的原因包括但不限于碰撞、倾覆、坠落、火灾、爆炸、自燃、外部物体坠落、坍塌、风暴、龙卷风、雷击、冰雹、洪水、海啸、地面沉陷等意外事故和自然灾害。此外,保险人也承担为防止或减少车辆损失而支付的合理救援费用,但最高不超过保险金额。

车损险的保费计算通常基于车辆的基础保费、车辆购置价及费率,并乘以优惠系数。其中,车辆购置价包括裸车价及购置税。车损险的赔偿额度根据被保险人在事故中的责任比例而定,最高可达保险金额的95%。

(二)第三者责任险(三者险)

第三者责任险是商业车险中另一个至关重要的险种,用于保障被保险人或其允许的驾驶人在使用被保险车辆过程中因意外事故导致第三者遭受人身伤亡或财产损失时,依法应承担的经济赔偿责任。三者险的保障范围广泛,包括人身伤害赔偿(如医疗费用、残疾赔偿金、死亡赔偿金等)和财产损失赔偿(如车辆修理费、物品损失等),甚至在某些情况下还包括法律诉讼费用。

三者险的保额和保费根据被保险人的需求和车辆类型等因素确定,不同的保险公司和保险产品可能会有所差异。因此,在购买三者险时,车主应仔细阅读保险合同,了解具体的保障内容和赔偿标准。

(三)车上人员责任险

车上人员责任险也称车上座位责任险或车上责任险,它负责赔偿被保险车辆在发生交通意外事故时,导致车内乘客人身伤亡所产生的医疗费用和其他相关费用。该险种对于车主来说非常重要,因为车内乘客往往是车主的亲朋好友,为他们提供保险保障是车主的责任和义务。

车上人员责任险的保费和保额根据车辆座位数、保险金额及费率等因素确定。在发生保险事故时,保险公司将根据被保险人在事故中的责任比例和保险合同的约定进行赔偿。

三、附加险介绍

(一)划痕险

划痕险是车损险的附加险之一,用于保障车辆因他人恶意或意外原因造成的车身划痕损失。划痕险的保障范围仅限于车身表面油漆的单独划伤,且无明显碰撞痕迹的损失。划痕险的保额有多个档次可供选择,如2000元、5000元、10 000元等,保费则根据保额、车辆价格及保险公司政策等因素确定。

在发生划痕事故时,被保险人应及时向保险公司报案并提供相关证据。保险公司将根据保险合同的约定和实际损失情况进行赔偿。需要注意的是,划痕险是累计赔付的,一旦赔偿累计金额达到或超过保额限制,保险合同将自动终止。

划痕险和车损险在商业保险中扮演着不同的角色,它们之间存在多个方面的区别,如表2-2所示。

表 2-2　划痕险和车损险的区别

项目	划痕险	车损险
定义	划痕险,全称为车身划痕损失险,是车辆损失的附加险种	车损险是商业保险中的主险之一,用于保障被保险车辆因自然灾害或意外事故造成的车辆损失

续表

项目	划痕险	车损险
保障范围	车辆因他人恶意或意外原因造成的车身表面油漆单独划伤，且无明显碰撞痕迹的损失。例如，小刀、石子、钥匙等尖锐物体造成的车漆破坏通常属于划痕险的保障范围	包括但不限于碰撞、倾覆、坠落、火灾、爆炸、自燃、外界物体坠落、坍塌、风暴、龙卷风、雷击、冰雹、洪水、海啸、地面沉陷等意外事故和自然灾害造成的车辆损失
限制	划痕险的赔付范围通常不包括车辆碰撞、剐蹭到固定物体等情况，这些情况属于车损险的保障范畴	车损险的保障范围广泛，覆盖了车辆因多种原因造成的直接损失
投保条件	在投保车损险的基础上方可投保	车损险可单独投保，无须依赖其他险种
性质	划痕险属于附加险种，是对车损险的一种补充	车损险是商业保险中的主险之一，具有独立的保障作用
赔付方式	划痕险是限额累计赔付的，即在一个保险年度内，每次赔付后相应冲减保额，赔偿累计金额不能超过保额限制	车损险的赔付方式通常是根据车辆的实际损失进行赔偿，不累计赔付
免赔率	划痕险通常设有免赔率，免赔率一般在15%到20%不等	—
保额	划痕险的保额有多个档次可供选择，如2000元、5000元等	车损险的保额一般根据车辆的实际价值或新车购置价确定，保额较高
报案时间	划痕险的理赔时间较短，通常需要在事故发生后尽快向保险公司报案	车损险的报案时间相对灵活，但也建议在事故发生后及时报案以便保险公司及时处理

（二）盗抢险

盗抢险是专为被保险车辆在被盗窃、抢劫或抢夺期间所遭受的损失提供赔偿的附加险种。盗抢险的保障范围包括全车被盗抢的损失、盗窃期间车辆损坏或零部件丢失需要修复的合理费用等。

在发生盗抢事故时，被保险人应立即向当地公安机关报案并保留现场证据。同时，被保险人还需在规定的时间内向保险公司报案并提供相关证明材料。保险公司将根据保险合同的约定和实际损失情况进行赔偿。但需要注意的是，盗抢险也存在一些免责事由，如战争、军事冲突、恐怖活动、暴乱等造成的损失以及被保险人故意行为或违法行为导致的损失等。

（三）自燃损失险

自燃损失险是车损险的附加险种之一，用于保障车辆因自身原因（如电路老化、油路故障等）导致的自燃损失。自燃损失险的保障范围包括车辆因自燃导致的全车损失和部分损失以及为减少损失而支付的合理施救费用等。

在发生自燃事故时,被保险人应立即采取措施防止火势蔓延并保护现场证据。同时,被保险人还需在规定的时间内向保险公司报案并提供相关证明材料。保险公司将根据保险合同的约定和实际损失情况进行赔偿。但需要注意的是,自燃损失险也存在一些免责事由,如被保险人故意行为或违法行为导致的损失等。

（四）玻璃单独破碎险

定义:玻璃单独破碎险是一种车险附加险种,负责赔偿被保险车辆在使用过程中,仅挡风玻璃和车窗玻璃(不包括车灯、车镜玻璃)单独破碎的损失。

特点:

①仅限于挡风玻璃和车窗玻璃的单独破碎。

②车主可自愿选择是否投保,并可选择按进口或国产玻璃进行投保。

③不包括车灯、车镜玻璃破碎及车辆维修过程中造成的破碎。

重要性:该险种对于保护车辆"脸面"非常重要,特别是在容易发生玻璃破碎的情况下,如高速行驶中被石子击中等。

（五）车轮单独损失险

定义:车轮单独损失险是机动车商业保险的一种附加险种,主要针对的是因机动车辆爆胎或交通事故导致的车轮(轮胎)损坏,但未造成车辆其他部分损坏的情况。

特点:

①专注于车轮的单独损失。

②是一种自愿购买的保险。

投保建议:该险种主要针对车轮的特定损失情况,车主可根据自身需求和使用环境决定是否购买。

（六）发动机进水损坏除外特约条款

定义:发动机进水损坏除外特约条款是保险公司不会对由发动机进水导致发动机直接损毁的情况进行理赔的特约条款。

特点:

①是一种附加险或特约条款。

②适用于经常在沙漠地区或雨水较少的地区使用车辆的车主。

投保建议:车主需根据自身使用环境和需求决定是否购买,该条款并不能完全消除发动机进水的风险,车主仍需注意保养和维护。

（七）修理期间费用补偿险

定义:修理期间费用补偿险是在发生较严重的车损事故后,车辆必须停止使用一段时间去修理时,为车主提供修理期间费用补偿的保险。

特点:

①只有在投保了机动车损失保险的基础上方可购买。

②可以多次出险,即一年内的出险次数没有限制。

③保费和赔付金额根据具体情况而定。

重要性:该险种可以在车辆修理期间为车主提供经济上的补偿,减轻因车辆无法使用而带来的不便和损失。

（八）精神损害抚慰金责任险

定义:精神损害抚慰金责任险是机动车第三者责任险或车上人员责任险的附加险种之一,负责在商业险内承担精神损害抚慰金的赔偿责任。

特点:

①主要针对因事故造成第三者或车上人员人身伤亡而产生的精神损害。

②只有在投保了机动车第三者责任险或机动车车上人员责任险的基础上方可投保。

重要性:该险种可以为受害人提供精神上的抚慰,缓解事故带来的精神痛苦。

（九）法定节假日限额翻倍险

定义:法定节假日限额翻倍险是机动车第三者责任险的一种附加险种,允许车主在支付少量费用后,在节假日享受限额翻倍服务。

特点:

①适用于国家法定节假日(含双休日)期间发生的第三者责任险保险范围内的事故。

②可以在原责任限额基础上加倍计算赔偿金额。

适用人群:适合节假日自驾出游频率较高或具有特定风险保障需求的人群。

（十）医保外医疗费用责任险

定义:医保外医疗费用责任险是三者险的附加险,负责赔偿被保险人在使用被保险车辆的过程中,因意外事故导致第三者受到人身伤亡或财产损失时,依法应由被保险人承担的责任中,医保范围外的医疗费用。

特点:

①专注于医保范围外的医疗费用赔偿。

②可以为被保险人提供更全面的保障,减轻经济压力。

投保建议:车主可以根据自己的驾驶习惯、车辆使用频率等因素,评估是否需要购买该险种以增加保障。

第三节　保险条款解读

学习目标

1. 理解保险责任与除外责任,能够清晰区分汽车保险中各项保险责任的具体内容,包括车辆损失险、第三者责任险、车上人员责任险等主要险种所覆盖的风险范围;同时,能够识别并解释保险合同中列明的除外责任条款,即保险公司不承担赔偿责任的情形。

2.掌握免赔率与免赔额的概念与应用,能够准确阐述免赔率与免赔额的定义,理解它们在保险理赔中的作用,以及不同险种中免赔率或免赔额的设置如何影响最终赔偿金额。

3.学会根据具体案例计算扣除免赔率或免赔额后的实际赔付金额。

4.熟悉赔偿处理流程与标准:能够详细了解从报案、查勘定损、资料提交到赔款支付的全套汽车保险赔偿处理流程;掌握理赔过程中应遵循的标准和程序,包括事故认定、损失核定、赔偿计算等环节的关键点,以及可能遇到的问题及解决方法。

学习指导

1.首先通过阅读教材或在线资源,系统学习保险责任、除外责任、免赔率与免赔额、赔偿处理流程等理论知识,确保对每个概念有清晰的认识。

2.选取具有代表性的汽车保险案例,分析案例涉及的保险责任、除外责任,以及免赔率、免赔额如何影响最终赔偿结果。通过案例分析加深理解,增强解决问题的能力。

3.组织小组讨论,模拟汽车保险理赔场景,分别扮演投保人、被保险人、保险公司理赔员等角色,通过模拟报案、查勘、理赔等环节,加深对赔偿处理流程的理解。

4.邀请保险行业的专业人士举办讲座或进行答疑,为学生提供最新的行业动态和实战经验分享。

5.鼓励学生进行拓展阅读,如阅读保险行业的权威报告、学术论文等,拓宽知识面,提升专业素养。

一、保险责任与除外责任

（一）保险责任

保险责任是指保险合同中约定的,在保险事故发生时,保险人应承担的赔偿责任。对于车辆保险而言,保险责任通常包括以下几个方面。

（1）碰撞、倾覆:包括保险车辆与外界物体的意外撞击造成的本车损失,以及保险车辆装载的物体与外界的意外撞击所造成的本车损失。

（2）自然灾害:如雷电、冰雹、雪灾、洪水、地震、地陷、崖崩、龙卷风、冰凌、泥石流等自然灾害导致的车辆损失。

（3）意外事故:如火灾、爆炸、坠落、暴风或暴雨使房屋主要结构倒塌等导致的车辆损失。

（4）施救费用:发生保险事故时,被保险人对保险车辆采取施救、保护措施所支出的合理费用,保险人负责赔偿,但最高赔偿金额以保险金额为限。

（二）除外责任

除外责任是指保险合同中明确规定的,保险人不承担赔偿责任的情形。因下列原因造成被保险车辆的损失,保险人不负责赔偿:

（1）战争、军事冲突、恐怖活动、暴乱、污染（含放射性污染）、核反应、核辐射。

（2）被保险人的故意行为或重大过失，如酒驾、毒驾。

（3）车辆的自然磨损、锈蚀、腐蚀、故障、本身质量缺陷。

（4）非被保险人或其允许的驾驶人使用被保险车辆。

（5）被保险车辆从事违法活动，如走私。

二、免赔率与免赔额

（一）免赔率

免赔率是指不赔金额与损失金额的比率，分为相对免赔率与绝对免赔率两种。现行的车辆保险通常采用绝对免赔率。保险公司对超出免赔率部分的损失进行赔偿，赔偿金额不包含免赔金额。例如，如果免赔率为10％，则损失金额中的10％由被保险人自行承担，保险公司只赔偿剩余的90％。

（二）免赔额

免赔额是指由保险人和被保险人事先约定，被保险人自行承担损失的一定比例或金额。在车辆保险中，免赔额通常用于减小小额索赔的频率，从而降低保费。如果损失额在规定数额之内，保险人不负责赔偿。免赔额的设置有助于鼓励被保险人采取预防措施，减少事故发生。

绝对免赔额通常适用于车辆损失险、第三者责任险等险种。发生保险事故，如果损失金额在免赔额以下，保险公司将不予赔偿；如果损失金额超过免赔额，则保险公司将对超出部分进行赔偿。

绝对免赔额的设置对被保险人的影响主要体现在两个方面。一方面，它增加了被保险人在发生小额损失时的经济负担；另一方面，它也促使被保险人在驾驶过程中更加小心谨慎，以减少事故的发生和损失的产生。

（三）具体规定与计算方式

根据《示范条款（2020版）》或相关保险合同的约定，绝对免赔率的具体比例可能因险种、保险公司及被保险人的不同而有所差异。一般来说，被保险机动车在事故中所负责任越大，其对应的绝对免赔率也越高。

计算方式：赔偿金额＝实际损失×（1－免赔率）－免赔额。

其中，免赔率是保险合同中约定的免赔比例。通过这一公式，可以计算出保险公司应赔偿的金额。

注意事项

1. 在购买车辆保险时，被保险人应仔细阅读保险合同中的绝对免赔率条款，了解其具体规定和计算方法。

2. 被保险人应根据自身实际情况和驾驶习惯选择合适的免赔率。一般来说,免赔率越高,保费越低;但同时也意味着在发生保险事故时,被保险人需要承担更多的经济损失。

3. 在发生保险事故时,被保险人应及时向保险公司报案并提供相关证明材料。保险公司将根据保险合同的约定和事故情况进行理赔处理。

三、赔偿处理流程与标准

保险公司在理赔时,会按照一系列标准和原则进行赔偿,这些标准和原则通常体现在保险合同条款中,并受到相关法律法规的约束。以下是保险公司理赔时遵循的主要标准和原则。

(一)赔偿标准

车辆保险的赔偿标准通常根据保险合同的约定来确定,主要包括以下几个方面。

车辆损失赔偿:根据车辆实际损失程度和保险金额进行赔偿,但不超过保险金额。

第三者责任赔偿:对于被保险车辆因意外事故导致的第三者人身伤亡或财产损失,按照法律规定和保险合同约定进行赔偿。

人员伤亡赔偿:包括医疗费、误工费、护理费、交通费、住宿费、住院伙食补助费等费用的赔偿,具体标准根据当地法律法规和保险合同约定确定。

(二)保险合同条款

保险公司仅对保险合同中明确约定的保险责任范围内的损失进行赔偿。因此,理赔的首要标准是判断事故是否属于保险责任范围。此外,保险合同通常会列出一些除外责任,如果事故属于除外责任范围,则保险公司不予赔偿。

(三)赔偿标准和计算方法

损失核定:保险公司会派遣查勘人员对事故现场进行查勘,核定损失程度和范围。对于车辆损失,通常会根据车辆的实际价值、折旧情况、修复费用等因素进行估算。

赔偿限额:保险合同中会规定各项赔偿的限额,如车辆损失险的保险金额、第三者责任险的赔偿限额等。保险公司在赔偿时会遵循这些限额规定。

免赔率和免赔额:部分保险产品会设置免赔率或免赔额,即被保险人需要自行承担一定比例的损失或一定额度的费用。在赔偿时,保险公司会从总损失中扣除免赔额或按照免赔率计算实际赔偿金额。

(四)理赔原则

重合同、守信用原则:保险公司会严格遵守保险合同的约定,按照合同条款进行赔偿。

实事求是原则:保险公司会根据事故实际情况和损失程度进行赔偿,不偏袒任何一方。

主动、迅速、准确、合理原则:保险公司在处理赔案时会积极主动,及时深入现场进行查勘,对属于保险责任范围内的损失迅速估算金额并及时赔付。

近因原则:在判定保险责任时,保险公司会遵循近因原则,即只有导致损失发生的最直接、最有效的原因属于保险责任范围时,保险公司才承担赔偿责任。

（五）赔偿处理流程

报案：发生事故后，被保险人应立即拨打保险公司报案电话或通过线上平台报案，并提供相关事故信息。

查勘定损：保险公司将安排查勘人员前往事故现场进行查勘和定损，确定车辆损失程度和赔偿金额。

提交材料：被保险人需按照保险公司要求提交相关理赔材料，如行驶证、驾驶证、事故认定书、维修发票等。

审核赔付：保险公司对提交的理赔材料进行审核，确认无误后按照保险合同约定进行赔付。

练习题

一、选择题

1. 以下哪种保险不属于汽车保险的主要分类？（　　）

A. 交强险　　　　　B. 车损险　　　　　C. 寿险　　　　　D. 三者险

2. 交强险的保险责任主要覆盖哪些范围？（　　）

A. 被保险人自身车辆的损失

B. 被保险车辆对第三方造成的人身伤亡和财产损失

C. 被保险人的医疗费用

D. 车辆因自然灾害导致的损失

3. 车损险中，因下列哪种原因造成的车辆损失保险公司通常不予赔付？（　　）

A. 碰撞　　　　　B. 暴雨　　　　　C. 故意行为　　　　　D. 火灾

4. 以下不属于机动车第三者责任险（三者险）的保险责任范围的是（　　）。

A. 第三方人身伤亡　　　　　　　　B. 第三方财产损失

C. 被保险人自身的医疗费用　　　　D. 第三方精神损害抚慰金

5. 汽车全险通常指的是（　　）。

A. 包含所有可能风险的保险

B. 交强险＋车损险＋三者险

C. 保险公司提供的最全面的保险套餐

D. 法律规定必须购买的所有险种

6. 以下哪种情况属于车损险的除外责任？（　　）

A. 碰撞　　　　　B. 自然灾害　　　　　C. 战争、军事冲突　　　　D. 火灾

7. 三者险的赔偿限额是指（　　）。

A. 保险公司每年最多赔付的金额

B. 保险公司每次事故最多赔付的金额

C. 被保险人需要支付的保费上限

D. 被保险人可以获得的最高赔偿金额

8. 关于汽车玻璃单独破碎险,以下说法错误的是(　　)。

A. 专门赔付车辆玻璃的损失

B. 通常作为车损险的附加险存在

C. 不包括天窗玻璃的损失

D. 无论何种原因导致的玻璃破碎均可赔付

9. 划痕险的保障范围是(　　)。

A. 车辆被盗窃后的损失

B. 车辆因碰撞导致的损失

C. 车辆无明显碰撞痕迹的车身表面油漆单独划伤

D. 车辆内部装饰的损坏

10. 以下哪项不属于自燃损失险的保障范围?(　　)

A. 车辆电器、线路故障引起的火灾

B. 车辆自燃造成的本车损失

C. 被保险人故意行为导致的车辆燃烧

D. 车辆所载货物自燃引起的车辆损失

二、问答题

1. 简述交强险与三者险的主要区别。

2. 车损险的保险责任通常包括哪些内容?

3. 附加险在汽车保险中的作用是什么?

4. 解释"不计免赔险"的含义及其在理赔中的作用。

三、材料题

李先生购买了交强险、车损险及三者险。某日,李先生驾驶车辆在乡间小路上行驶时,不慎与一辆农用三轮车发生碰撞,导致农用三轮车受损严重,三轮车驾驶员受伤。事故发生后,李先生立即报警并通知了保险公司。

问题:

1. 分析在此案例中,哪些险种可能产生赔付,并简述赔付的大致流程。

2. 李先生在理赔过程中应特别注意哪些事项?

四、填空题

1. 交强险的全称是＿＿＿＿＿＿＿＿＿＿＿＿＿＿＿,是由保险公司对被保险机动车发生道路交通事故造成受害人(不包括本车人员和被保险人)的＿＿＿＿＿＿、＿＿＿＿＿＿,在责任限额内予以赔偿的强制性责任保险。

2. 车损险的保险责任通常包括因＿＿＿＿＿＿、＿＿＿＿＿＿、＿＿＿＿＿＿等自然灾害和意外事故造成的车辆损失。

3. 附加险是车主在投保＿＿＿＿＿＿的基础上,根据自身需求选择投保的险种,用于补充主险的不足或提供额外的保障。

第二章练习题答案

第三章　汽车保险投保与承保

第一节　投保准备

学习目标

1. 理解保险公司与产品的选择原则,能够认识到在选择汽车保险公司和保险产品时需要考虑的关键因素,从而能够基于个人需求和实际情况做出合理的选择。

2. 掌握车辆信息收集与评估的方法,能够明确在投保前需要收集哪些关于车辆的信息,如车辆型号、购买价格、使用年限、行驶里程、保养状况等,并了解这些信息如何影响保险费用的计算和风险评估。

3. 能够运用所学知识对车辆进行初步评估,为选择合适的保险方案提供依据。

学习指导

1. 系统学习保险公司与产品的选择原则、车辆信息收集与评估的方法等理论知识。

2. 利用课余时间进行市场调研,收集不同保险公司的资料,包括官网信息、用户评价、理赔案例等,以便更全面地了解各公司的优势和不足。

3. 结合实际案例,分析不同车型、不同使用状况的车辆在投保时的差异。

4. 分享自己调研的结果和感受,讨论在选择保险公司和产品时应考虑的因素。

5. 设计模拟投保场景,让学生根据给定的车辆信息和个人需求,选择合适的保险公司和保险产品。在模拟过程中,引导学生关注保险条款的细节,如保障范围、除外责任、免赔率/免赔额等,以确保选择的保险产品符合实际需求。

一、选择保险公司与产品

(一)保险公司选择的艺术

汽车投保概述

1. 品牌信誉与财务实力

选择保险公司时,首要考虑的是其品牌信誉和财务实力。这不仅关乎保险服务的品质,更直接影响到理赔的效率和可靠性。可以通过以下途径获取相关信息。

行业报告与排名:参考权威机构发布的保险公司评级报告和排名,如中国保险行业协会、标普、穆迪等机构发布的评级报告。这些报告通常会综合考虑保险公司的偿付能力、盈利能力、服务质量等多个维度。

消费者评价与口碑:浏览互联网上的消费者评价、论坛讨论和社交媒体反馈等信息,了解保险公司的真实服务水平和客户满意度。注意区分个别案例与普遍现象,避免被片面信息误导。

监管机构披露:访问国家金融监督管理总局等监管机构的官方网站,查看保险公司的基本信息、违规记录及处罚情况。这些信息有助于判断保险公司的合规性和稳健性。

2. 服务品质与便利性

优秀的保险服务不仅体现为理赔时的快速响应和高效处理,更贯穿于投保、咨询、保全等各个环节。以下是一些衡量保险公司服务品质与便利性的关键因素。

服务网络覆盖:了解保险公司在全国范围内的服务网络布局,特别是在客户所在地区的服务能力,包括理赔服务网点、客服热线、在线服务平台等。

理赔流程与效率:咨询保险公司的理赔流程、所需材料以及平均理赔时效。选择那些流程简洁、材料要求明确、理赔速度快的保险公司。

增值服务:关注保险公司提供的增值服务,如道路救援、代驾服务、车辆年检提醒等。这些服务能够显著提升客户的用车体验,并在关键时刻为客户提供帮助。

3. 产品特色与性价比

不同保险公司提供的汽车保险产品各具特色,需要根据自身需求选择最适合自己的产品。在比较不同产品时,注意以下几点。

保障范围:仔细阅读保险条款,了解产品提供的保障范围是否全面覆盖自己的需求。特别关注车辆损失险、第三者责任险、车上人员责任险等基本险种以及划痕险、玻璃单独破碎险等附加险种。

免赔条款:了解保险产品的免赔条款和责任免除情况。这些条款直接影响到理赔时的赔付金额和条件,因此务必仔细阅读并理解其含义。

保费价格:在比较不同产品时,不要单纯追求低价而忽略了保障的全面性和服务的质量。综合考虑保障范围、免赔条款、保费价格以及保险公司的服务品质等因素,选择性价比最高的产品。

【案例】

如何选择保险公司:一个针对二线城市私家车主的详细指南

一、明确需求与期望

作为生活在二线城市的私家车主,您可能对保险服务有着特定的需求和期望。首先,明确您希望从保险公司那里获得哪些核心服务,比如:

- 高质量的理赔服务:快速响应、流程透明、高效赔付。
- 广泛的服务网络:在您所在城市及常去地区都设置有维修、救援服务点。
- 便捷的投保与续保流程:线上操作简便,支持多种支付方式。
- 增值服务:如道路救援、代驾服务、车辆年检提醒等。
- 性价比:在提供全面保障的基础上,保费合理。

二、行业研究与初筛

查阅行业报告与排名:利用互联网资源,查找最新的保险行业报告和消费者评价,了解各保险公司在市场中的表现、客户满意度、赔付率等关键指标。重点关注那些在服务质量、创新能力、理赔效率等方面表现突出的公司。

初筛综合实力强的公司:基于行业报告和排名,初步筛选出几家综合实力较强、口碑良好的保险公司作为候选。

三、深入了解与比较

官方网站探索:访问候选保险公司的官方网站,仔细研究其产品介绍、服务承诺、理赔流程等内容。注意查看是否有针对二线城市或您所在地区的特色服务。

客服咨询体验:拨打客服热线或使用在线客服功能,询问关于服务网络覆盖、理赔流程、增值服务等方面的详细信息。在咨询过程中,注意观察客服人员的专业素养、响应速度和解答问题的清晰度,这能在一定程度上反映公司的服务质量和效率。

用户评价与案例:除了官方信息外,还应积极寻找真实用户的评价和案例。可以通过社交媒体、汽车论坛、消费者保护组织等渠道,了解其他车主对这些保险公司的评价。特别是要关注那些与您情况相似的车主的经历,他们的经验往往更具参考价值。

实地探访:如果条件允许,可以亲自前往保险公司的服务网点或合作维修厂进行实地探访。观察其工作环境、服务态度和专业能力,以便更直观地了解保险公司的服务质量。

四、综合考虑与决策

对比分析:将收集到的信息整理成表格或思维导图等形式,对比各候选保险公司在服务网络、理赔效率、增值服务、保费价格等方面的优劣势。

风险评估:考虑到任何选择都存在风险,您需要对各候选保险公司进行风险评估。关注其财务状况、历史赔付记录等关键指标,确保所选公司具有稳定的经营能力和良好的赔付能力。

个性化选择:基于您的实际需求、预算和风险承受能力,选择最适合您的保险公司。记住,没有绝对完美的选择,只有最适合自己的。

五、后续关注与反馈

在投保后,持续关注保险公司的服务质量和理赔效率,及时反馈遇到的问题并提出建议。

如果有条件,可以定期重新评估自己的保险需求和所选保险公司的表现,以便在必要时进行调整。

通过以上步骤,您可以更加科学、全面地选择一家适合自己的保险公司,为您的爱车提供全面、可靠的保障。

(二)产品选择的智慧

汽车保险主要包括交强险和商业险两大类。交强险是法定险种,必须投保;商业险则包括多个险种,如车辆损失险、第三者责任险、车上人员责任险等。除了基本险种外,保险公司还提供多种附加险种,以增强保障的全面性。

在选择保险产品时,还需结合个人实际情况进行个性化选择,以下是一些建议。

新车与高档车:对于新车或高档车辆,建议投保划痕险、玻璃单独破碎险等附加险种,以全面保护车辆免受意外损失。

老旧车辆:老旧车辆可能面临自燃、机械故障等风险,因此应更加关注自燃损失险和车辆损失险的保额设置。同时,考虑到老旧车辆残值较低,可适当降低第三者责任险的保额以节省保费。

行驶区域与路况:经常行驶在复杂路况或恶劣天气地区的车主,应优先考虑投保涉水险、玻璃单独破碎险等险种。而在交通繁忙的城市区域,第三者责任险的保额应设置得更高以应对可能的高额赔偿。

驾驶习惯与风险意识:驾驶习惯良好、风险意识强的车主可适当降低部分险种的保额或选择不投保某些附加险种以节省保费。但请注意,这并不意味着可以忽视保险的重要性,合理的保险规划仍然是保障行车安全和经济利益的重要手段。

机动车的不同受损情况如图 3-1 所示。

图 3-1　受损的机动车

【案例】

案例一：新车投保策略

张先生刚购买了一辆价值 30 万元的新车,考虑到新车需要全面保护且未来可能面临划痕、玻璃破碎等风险,他选择了以下投保方案。

交强险：必投险种,按照国家规定投保。

车辆损失险：全额投保,确保车辆因意外事故造成的损失得到全额赔偿。

第三者责任险：设置较高保额(如 300 万元或更高),以应对可能的高额赔偿风险。

车上人员责任险：根据车辆座位数投保相应保额。

附加险种：划痕险、玻璃单独破碎险、不计免赔险。

案例二：老旧车辆投保策略

李女士的车辆已经使用了 8 年,考虑到车辆残值较低且面临自燃等风险,她选择了以下投保方案。

交强险：必投险种,按照国家规定投保。

车辆损失险：选择较低保额,避免保费浪费。

第三者责任险：设置适中保额(如 100 万元),以应对一般赔偿风险。

自燃损失险：投保此险种以应对车辆自燃风险。

附加险种：不投保。

二、车辆信息收集与评估

在投保汽车保险之前,准确收集并评估车辆信息是至关重要的步骤。这不仅有助于保险公司准确评估风险并给出合理的保费报价,还能确保在出险时获得及时、有效的理赔服务。下面将详细阐述车辆信息收集与评估的具体内容和方法。

（一）车辆信息收集

1. 基本信息

车辆品牌与型号：明确车辆的品牌、系列、型号及生产年份,这些信息直接关系到车辆的价值和潜在风险。

车牌号码与车架号：车牌号码是车辆的唯一标识,车架号(VIN 码)则包含了车辆的生产信息、配置等关键数据,两者都是投保和理赔时的重要凭证。

车辆用途：区分车辆是私家车、营运车还是其他特殊用途车辆,因为不同用途的车辆面临的风险和保费标准有所不同。

2. 车辆状态

行驶里程：了解车辆的累计行驶里程,这有助于评估车辆的使用程度和磨损情况。

保养记录：收集车辆的保养记录,包括定期保养的时间、项目以及维修历史等。良好的保养能够降低车辆故障的风险,也可能影响保费。

事故记录：查询车辆是否有过事故记录,包括事故类型、责任划分及理赔情况等。事故记录是保险公司评估风险的重要依据。

3. 驾驶员信息

驾驶员年龄与驾龄：驾驶员的年龄与驾龄是影响保费的因素之一。一般来说，年轻驾驶员和新手驾驶员的保费可能相对较高。

驾驶经验与记录：了解驾驶员的驾驶经验和历史记录，包括是否有违章记录、事故记录等。这些信息将直接影响保险公司的风险评估和保费定价。

车辆相关信息如图 3-2 至图 3-5 所示。

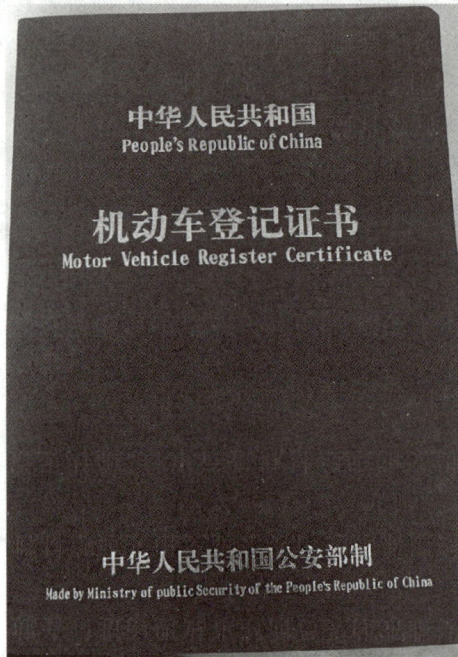

图 3-2　机动车登记证书

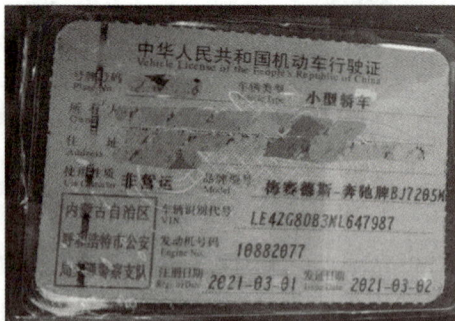

图 3-3　机动车行驶证

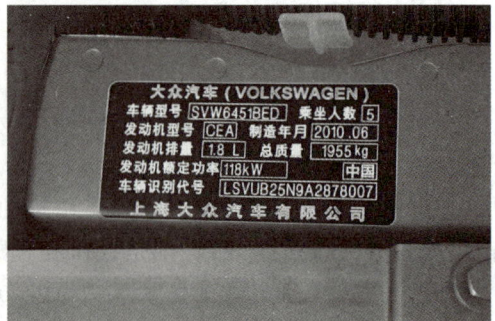

图 3-4　机动车发动机号

（二）车辆价值评估

1. 新车购置价

对于新车而言，新车购置价是确定车辆损失险的保额的重要依据。新车购置价通常指

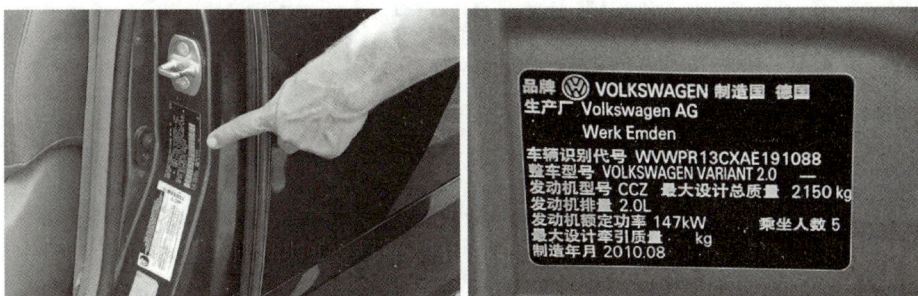

图 3-5　VIN 码

车辆购买时的实际价格（含车辆购置税），但不包括加装件的价格。车主可以通过购车发票或车辆销售合同等文件来确定新车购置价。

2. 实际价值评估

对于二手车而言，由于车辆已经使用过一段时间，存在折旧问题，因此需要通过实际价值评估来确定车辆损失险的保额。实际价值评估通常考虑以下因素。

车辆使用年限：随着车辆使用年限的增加，车辆的价值会逐渐降低。

车辆状况：包括车辆的外观、内饰、机械性能等方面的状况。这些因素将直接影响车辆的实际价值。

市场行情：二手车市场的供求关系、品牌热度、车型保值率等因素也会影响车辆的实际价值。

车主可以通过专业的二手车评估机构或保险公司提供的在线评估工具来获取车辆的实际价值评估报告。这些报告将作为投保时确定保额的重要依据。

3. 特殊情况处理

改装车辆：对于经过改装的车辆，其价值和风险都可能发生变化。车主需要向保险公司提供改装证明和改装后的车辆评估报告，以便保险公司准确评估风险并给出合理的保费报价。

进口车辆：进口车辆的价值评估可能涉及更复杂的因素，如关税、汇率波动等。车主应提供完整的购车手续和海关证明等文件，以便保险公司进行准确评估。

在收集车辆信息和进行价值评估时，应确保提供的信息真实、准确、完整。任何虚假信息都可能导致保险公司拒绝承保或理赔时产生纠纷。同时，还可以利用互联网和数字化工具来简化信息收集和价值评估的过程。例如，通过保险公司的官方网站或 APP 在线填写投保信息、上传相关文件等；利用二手车评估平台或 APP 获取车辆的实际价值评估报告等。这些工具不仅提高了效率，还降低了出错的风险。

需要强调的是，车辆信息收集与评估是投保汽车保险的重要环节之一。只有充分了解车辆情况和保险需求，才能做出明智的选择并获得最佳的保障效果。

第二节 投 保 流 程

学习目标

1. 理解投保单的基本内容与填写要求,能够识别并准确填写汽车保险投保单中的各项基本信息,理解每一项内容的重要性及其对保险承保的影响。

2. 掌握保险费计算与缴纳方式,能够理解汽车保险费的计算原理,掌握不同保险产品的费用结构,并熟悉线上、线下等多种保险费的缴纳方式及其操作流程。

3. 了解并熟悉保险单证的领取流程,能够明确保险单证的重要性,掌握保险单证领取的时间节点、方式及后续保管注意事项。

4. 识别并解决投保流程中的常见问题,能够识别投保过程中可能遇到的常见问题,如信息填写错误、保费支付失败、保险单证遗失等,并学会通过正确的途径和方法解决这些问题。

学习指导

1. 观看相关教学视频或案例,了解实际投保过程中的操作流程和注意事项。

2. 填写模拟投保单,使用教材中的模拟投保单进行练习,填写时注意每一项信息的准确性和完整性。可以分小组讨论,互相检查填写情况。

3. 利用保险公司提供的费率表或在线计算器,尝试计算不同保险方案的费用,比较不同险种的性价比。

4. 了解保险单证的重要性,讨论保险单证在保险事故处理中的作用,强调妥善保管的必要性。

5. 模拟领取保险单证,模拟操作或观看教学视频,了解保险单证领取的流程,包括电子保单和纸质保单的获取方式。

在保险行业,投保是客户与保险公司建立法律关系的起点,也是客户获得风险保障的第一步。一个清晰、顺畅的投保流程对于保障客户权益、提升保险公司服务效率至关重要。

一、填写投保单

投保单及填写

1. 明确保险需求

步骤解析:在填写投保单之前,投保人首先需要明确自己的保险需求。这包括确定保险类型(如人寿保险、健康保险、财产保险等)、保额大小、保障期限以及是否包含特定附加险等。这一过程可通过咨询保险顾问、阅读保险产品说明书或利用在线保险规划工具完成。

2. 选择保险公司与产品

步骤解析：根据保险需求，投保人需选择信誉良好、服务优质的保险公司，并从其提供的产品中挑选最适合自己的一款。这可以通过比较不同保险公司的品牌实力、产品性价比、理赔服务等因素来实现。

建议：利用互联网资源，如保险评测网站、消费者评价等，作为选择依据。

3. 填写投保单

内容要点：投保单是投保人向保险公司提出保险申请的正式文件，内容通常包括投保人及被保险人基本信息（如姓名、性别、年龄、职业、联系方式等）、保险标的描述（如财产种类、价值等）、保险条款选择（如保险责任、除外责任、赔付条件等）以及投保人声明与授权等。投保单如图 3-6 所示。

投保人	投保人名称/姓名				投保车辆数	辆
投保人	联系人姓名		固定电话		移动电话	
投保人	投保人住所				邮政编码	□□□□□□
被保险人	□自然人 姓名：		身份证号码	□□□□□□□□□□□□□□□□□□		
被保险人	□法人或其他组织 名称：				组织机构代码	□□□□□□□□□
被保险人	被保险人单位性质	□党政机关、团体　□个体、私营企业	□事业单位　□其他企业	□军队（武警）　□其他	□使（领）馆	
被保险人	联系人姓名		固定电话		移动电话	
被保险人	被保险人住所				邮政编码	□□□□□□
投保车辆情况	被保险人与车辆的关系	□所有　□使用　□管理		车主		
投保车辆情况	号牌号码		号牌底色	□蓝　□黑　□黄　□白　□白蓝　□其他颜色		
投保车辆情况	厂牌型号				发动机号	
投保车辆情况	VIN码	□□□□□□□□□□□□□□□□□			车架号	
投保车辆情况	核定载客	人	核定载质量	千克	排量/功率	L/kW
投保车辆情况	车辆初次登记日期	年　月	已使用年限	年	已行驶里程	公里
投保车辆情况	车身颜色	□黑色　□白色　□红色　□灰色　□蓝色　□黄色　□绿色　□紫色　□粉色　□棕色　□其他颜色				
投保车辆情况	车辆种类	□客车　□货车　□客货两用车　□挂车　□摩托车　□拖拉机 □农用运输车　□特种车：请填用途________.				
投保车辆情况	车辆使用性质	□家庭自用　□非营业用（不含家庭自用） □出租客运　□公交客运　□公路客运　□旅游客运　□租赁　□营业性货运				
投保车辆情况	**汽车安全性能**	□防盗系统　□ABS　□安全气囊	**固定停放地点**	□固定车位　□固定车库　□其他		
投保车辆情况	**行驶区域**	□跨省行驶　□省内行驶　□固定营业路线，请注明具体路线________.				
投保车辆情况	**上年赔款次数**	□车损险及其附加险赔款次数____次　□三者险及其附加险赔款次数____次				
投保车辆情况	**是否在我公司投保车辆保证保险**	□是　□否	**车损险与车身划痕险选择汽车专修厂**	□是　□否		
投保主险条款名称						
指定驾驶员	**姓名**	驾驶证号码		**初次领证日期**		
驾驶人员1		□□□□□□□□□□□□□□□□□□		____年____月____日		
驾驶人员2		□□□□□□□□□□□□□□□□□□		____年____月____日		
投保车辆上年交通违章情况		□轻微违章次数____次　□严重违章次数____次				
保险期间		____年____月____日零时起至____年____月____日二十四时止				

图 3-6　投保单

注意事项

- 确保所有信息真实、准确、完整,避免因信息错误导致保险合同无效或理赔受阻。
- 仔细阅读并理解保险条款,特别是保险责任、除外责任等重要内容。
- 如遇不明之处,应及时向保险顾问或保险公司客服咨询。

二、缴纳保险费

(一)确定缴费方式

常见的保险费缴纳方式有一次性缴费、分期缴费(如年缴、半年缴、季缴、月缴等)。投保人可根据自身经济状况选择合适的缴费方式。对于长期保险,分期缴费可减轻经济压力,但需确保按时足额缴纳,避免保单失效。

(二)支付保险费

支付渠道:保险公司通常提供多种支付渠道,包括银行转账、第三方支付平台(如支付宝、微信支付)、现金缴纳等。投保人可根据个人偏好和便捷性选择。

注意事项

- 确保支付账户资金充足,避免支付失败。
- 保留支付凭证,以便日后查询或作为理赔依据。
- 注意支付安全,避免个人信息泄露。

(三)确认缴费成功

缴费后,投保人可通过保险公司官网、客服热线或短信通知等方式查询缴费是否成功。缴费成功是保险合同生效的关键环节,确保投保人已履行其财务义务,从而享有保险公司提供的相应保障。

(四)保费发票与收据

获取方式:在成功缴纳保险费后,保险公司会向投保人提供保费发票或收据作为缴费凭证。这通常可以通过邮寄、电子邮件或保险公司官网下载等方式获得。

重要性:保费发票或收据不仅是投保人已支付保险费的证明,也是日后可能需要的理赔材料之一,因此务必妥善保管。

三、领取保险单证

（一）保险单证

1. 保险单证种类

主要单证:包括保险单(或保险合同)、保险条款、保险费发票(或收据)、投保人及被保险人身份证复印件等。其中,保险单是保险合同的主要载体,详细记载了保险合同的各项内容,是投保人享有保险保障的重要凭证。保险单如图 3-7 所示。

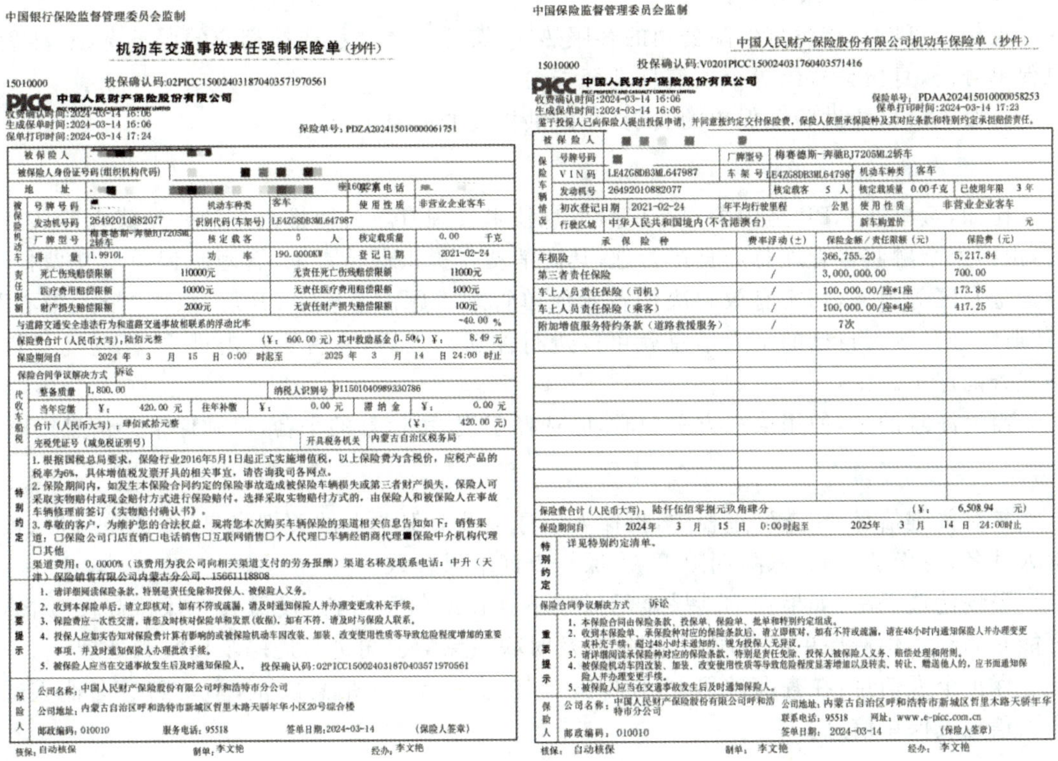

图 3-7　保险单

2. 领取方式

电子单证:随着科技的发展,越来越多的保险公司开始提供电子单证服务。投保人可以通过保险公司官网、手机 APP 等渠道直接下载并保存电子保险单证,既方便又环保。

纸质单证:对于偏好纸质材料的投保人,保险公司也会提供纸质单证,可通过邮寄或自取的方式获得。

注意事项:无论选择哪种领取方式,投保人都应确保自己能够及时、准确地收到并妥善保管保险单证。

（二）核对保险单证信息

收到保险单证后,投保人应仔细核对单证上的各项信息,包括投保人及被保险人信息、保险类型、保额、保障期限、缴费方式及金额等,确保与投保时填写的信息一致。如发现任何不符或遗漏之处,投保人应立即联系保险公司客服或保险顾问,进行更正或补充。

查询保险单证的真伪是确保投保人权益的重要步骤,以下是一些常用的查询方法。

1. 通过保险公司官方渠道查询

(1)保险公司官网。

大多数保险公司都提供在线查询服务。投保人可以登录保险公司的官方网站,找到"保单验证""保单查询"或类似的入口。

输入保单号码、被保险人姓名、身份证号码等关键信息,按照页面提示进行操作,即可查询保单的真伪及详细信息。

(2)保险公司客服电话。

投保人可以直接拨打保险公司的客服热线,按照语音提示选择相应的服务选项,然后提供保单号码、身份证号码等个人信息进行查询。

客服人员会协助验证保单的真伪,并提供相关的保单信息。

2. 使用第三方平台查询

比如,金事通 APP 是中国银行保险信息技术管理有限公司推出来的一站式保险服务平台,由国家金融监督管理总局直接管理,其向消费者提供保单查询(含睡眠保单)、交费提醒、养老金专区等服务,切实有效解决消费者保单管理难题。下载 APP 后,点击"个人中心"—"注册账号",输入自己的个人信息就可以进行注册。之后,在首页点击进入"车险",可以一站式查询保单。

需要注意的是,使用第三方平台时,应选择正规、可信赖的平台,以确保个人信息安全。

3. 其他注意事项

核对关键信息:在查询过程中,投保人应仔细核对保单上的关键信息,如保单号码、被保险人姓名、身份证号码、保险期限等,确保与查询结果一致。

警惕伪造保单:如果查询结果显示保单不存在或信息不符,投保人应保持高度警惕,这可能是遇到了伪造保单的情况。此时,应及时联系保险公司进行进一步核实和处理。

保护个人信息:在查询过程中,投保人应注意保护个人信息安全,不要随意向他人透露个人信息或保单信息。

(三)保险单证的保管

保险单证是投保人享有保险保障的重要法律依据,因此务必妥善保管。建议将电子单证保存在安全可靠的电子设备中,并定期进行备份;纸质单证则应存放在防火、防水、防潮的安全地方。在保险期间内,投保人可能因出险、续保、退保等原因需要与保险公司进行多次沟通,此时保险单证将发挥关键作用。此外,在遗产规划、资产清算等场景下,保险单证也是重要的法律文件之一。

(四)投保流程中的常见问题与解决方案

1. 信息填写错误

投保人在填写投保单时可能因疏忽或不了解相关规定而填写错误的信息。发现错误后,应立即联系保险公司客服或保险顾问进行修改。在修改前,务必确认错误的具体内容和影响范围,以免产生不必要的麻烦。

2. 缴费失败

支付账户余额不足、支付系统故障、支付信息输入错误都可能导致缴费失败,此时可采取以下处理方式:检查支付账户余额是否充足,尝试更换支付渠道或支付方式,联系支付平台或银行客服查询支付状态并解决问题;如仍无法解决,及时联系保险公司客服进行处理。

3. 未收到保险单证

首先确认自己选择的领取方式(电子或纸质)。对于电子单证,检查电子邮箱或 APP 消息通知;对于纸质单证,联系保险公司客服查询邮寄状态或选择自取方式。如长时间未收到单证,可要求保险公司重新发送或补发。

第三节　承保管理

学习目标

1. 理解承保风险评估的重要性,掌握汽车保险承保过程中风险评估的基本概念、目的及其对保险公司和投保人双方的意义。

2. 熟悉核保流程,详细了解从保险公司接收投保申请到做出承保决定的整个核保流程,包括信息收集、风险分析、费率厘定等关键环节。

3. 掌握影响核保决策的关键因素,识别并分析影响核保决策的关键因素,如车辆类型、驾驶员信息、历史出险记录等,以及这些因素如何影响保费和承保条件。

4. 理解保单生效与送达的流程,明确保单生效的条件、时间节点以及保单如何安全、及时地送达投保人,同时了解保单中各项条款的意义。

5. 培养实际问题解决能力,能够运用所学知识分析实际案例中的承保管理问题,提出合理的解决方案。

认识汽车保险承保

学习指导

1. 学习资料中关于承保风险评估、核保流程、核保决策及保单生效与送达的内容,确保对基本概念和流程有初步了解。

2. 在网络、教材或教师提供的资源中寻找典型的汽车保险承保案例,特别是涉及风险评估、核保决策及保单问题的案例。

3. 分析案例,识别案例中的关键信息,运用所学知识评估风险、模拟核保流程,并讨论可能的核保决策及保单生效后的影响。

4. 模拟保险公司核保部门的工作场景,分配角色(如核保员、投保人、客服等),进行核保流程的模拟操作,加深对流程的理解。

5. 积极参与课堂讨论,就承保管理中的疑问、难点与教师和同学进行交流,分享学习心得。

6. 在完成本节学习后,撰写一份学习报告,总结所学内容、案例分析结果及个人感悟,特别是对于核保管理实践中的难点和解决方案的反思。

7. 根据学习过程中的薄弱环节,制订后续学习计划,包括阅读更多相关书籍、参与实习或实践项目等,以进一步提升自己的专业素养。

在汽车保险领域,承保管理与理赔是两个紧密相连且至关重要的环节。它们共同构成了保险公司为客户提供风险保障和损失补偿的完整流程。

一、承保风险评估

承保风险评估是保险公司决定是否接受投保申请以及确定保险费率的关键步骤。这一过程通常包括以下几个方面。

车辆信息审核:保险公司会仔细审核投保车辆的车型、使用年限、车况等信息,以评估其潜在风险。例如,老旧车辆或高价值车辆可能面临更高的风险,从而影响保险费率。

驾驶员信息评估:驾驶员的年龄、驾龄、驾驶记录等也是重要的评估因素。年轻驾驶员或有过交通违法记录的驾驶员可能被视为高风险群体,需要支付更高的保险费。

历史理赔记录分析:保险公司还会考虑投保人或被保险人的历史理赔记录,频繁出险或理赔金额较高的客户可能会被要求提高保险费率或面临其他限制条件。

外部数据源参考:为了更全面地评估风险,保险公司还可能参考第三方数据源,如车辆事故数据库、交通违法记录等。

通过综合以上因素,保险公司能够对投保申请进行全面的风险评估,并据此做出是否承保的决策以及确定保险费率。

二、核保流程与决策

核保概述

(一)核保流程

核保流程是保险公司对投保申请进行审核并做出核保决策的过程,这一过程通常包括以下几个步骤。

1. 投保资料收集

投保人需要提供相关的保险申请资料,包括个人信息(如身份证、驾驶证等)、车辆信息(如行驶证、购车发票等)以及其他证明材料(如车主与被保险人关系证明等)。

保险代理人或经纪人也需要协助收集和整理这些资料,确保资料的完整性和准确性。

2. 资料审核

保险公司的核保人员会对投保人提交的申请资料进行审核,检查资料的真实性、完整性和合规性。

审核过程中,核保人员会重点关注投保人的风险特征,如车辆类型、使用年限、驾驶员年龄、驾龄等,以及可能存在的风险因素,如事故记录、违章记录等。

3. 风险评估

在资料审核的基础上,核保人员会对投保人的个人或财产风险进行评估。评估内容可能包括投保人的职业、健康状况、家庭状况、财产价值等多个方面。

通过风险评估,核保人员可以判断投保人的风险水平和承保风险的可接受程度,为后续的核保决策提供依据。

(二)核保决策

根据风险评估的结果,核保人员将做出相应的核保决策,决策结果可能包括承保、拒保、附加条件承保或调整保费等。在做出决策时,核保人员会综合考虑公司的承保政策、风险承受能力、市场竞争情况等多个因素。

在做出核保决策的过程中,保险公司需要遵循以下原则。

1. 风险可控原则

保险公司应确保所承保的风险在可控范围内,避免承担过高的风险。因此,在做出核保决策时,保险公司会综合考虑投保人的风险特征和公司的风险承受能力,确保承保风险在公司可接受的范围内。

2. 公平合理原则

做出核保决策时应遵循公平合理的原则,不得歧视投保人或不当地拒保。保险公司应根据投保人的实际情况和风险水平进行客观评估,并据此做出合理的核保决策。

3. 市场导向原则

保险公司在制定承保策略和定价策略时,应充分考虑市场需求和竞争情况。通过灵活调整承保条件和保费金额,保险公司可以吸引更多的潜在客户并提升市场竞争力。

4. 合规性原则

在做出核保决策的过程中必须遵守相关法律法规和监管要求,确保保险业务的合法性和合规性。保险公司在核保过程中应严格遵循监管部门的各项规定和指导意见,确保核保工作的规范性和有效性。

(三)保单生效与送达

1. 保单生效

保单生效是指保险合同自双方约定的时间起开始具有法律效力。一般来说,保险公司在出具保险单后会明确告知投保人保单生效的日期和时间。在这个日期和时间之后,如果发生保险事故并符合保险条款的约定,保险公司将承担相应的赔偿责任。交强险具有即时生效的特点,商业车险则需要一定的等待期。车主在购买车险时应充分了解这些流程和要求,以确保在遇到交通事故时能够及时获得赔偿。

保单生效条件:保单生效需要满足两个条件,一是投保人缴清了应缴的保险费,二是保险公司核保通过。

新保单生效时间:新保单一般在购买后的次日零时开始生效。如果投保人有特殊要求,可以在投保书其他声明栏内注明,并经保险公司核保批准后生效。

续保保单生效时间:续保保单的生效时间通常是上一份保单到期的次日零时。

2. 保单送达

保单送达是指保险公司将保险单及相关资料送达投保人或被保险人。为了确保投保人能够及时获得保险保障并了解保险条款的内容,保险公司通常会采取多种方式进行保单送达,如邮寄、电子邮件、短信通知等。在保单送达后,投保人应认真阅读保险条款并妥善保管保险单及相关资料,以备不时之需。

练习题

一、选择题

1. 汽车保险投保时,车主首先需要确定的是(　　)。

A. 保险公司信誉　　B. 保险金额　　　　　C. 保险险种　　　　　D. 保险期限

2. 以下哪项不属于投保人在投保时需要提供的资料?(　　)

A. 身份证明　　　　B. 车辆行驶证　　　　C. 驾驶证复印件　　　D. 邻居的联系方式

3. 汽车保险承保过程中,保险公司进行风险评估的主要目的是(　　)。

A. 确定保险费率　　　　　　　　　　B. 拒绝所有高风险客户

C. 提高保费收入　　　　　　　　　　D. 降低服务质量

4. 关于保险合同的成立,以下说法正确的是(　　)。

A. 投保人提出保险要求,经保险人同意承保,保险合同即成立

B. 保险合同必须采用书面形式才有效

C. 保险合同成立后,保险标的发生的所有损失均由保险公司赔偿

D. 保险合同成立后,投保人可随时解除合同

5. 在投保过程中,核保环节的主要作用是(　　)。

A. 确定保险金额　　　　　　　　　　B. 收取保费

C. 评估风险,决定是否承保及承保条件　D. 签订保险合同

6. 以下哪项不属于保险公司核保时要考虑的因素?(　　)

A. 车辆品牌与型号　　B. 车主年龄与驾龄　　C. 车主的信用记录　　D. 车主的宗教信仰

7. 在汽车保险中,保险单是(　　)。

A. 投保人的身份证明　　　　　　　　B. 保险合同的正式书面凭证

C. 保险公司的广告资料　　　　　　　D. 维修店的发票

8. 关于保险费的支付,以下说法错误的是(　　)。

A. 投保人应按合同约定及时支付保险费

B. 保险费支付后,保险合同立即生效

C. 保险费支付延迟可能导致保险合同失效

D. 保险费支付后,保险公司应出具发票或收据

9. 在汽车保险投保时,如果车辆价值较高,投保人通常会选择(　　)。

A. 降低保险金额以减少保费　　　　　B. 增加保险金额以获得全面保障

C. 只投保交强险以节省费用　　　　　D. 放弃投保以规避风险

10. 关于续保,以下说法正确的是(　　)。

A. 续保意味着必须购买与上一期相同的险种和保额

B. 续保时,保险公司会自动调整保险费率

C.续保前,投保人应评估自身需求及车辆状况

D.续保时,无须再次提供车辆及个人信息

11. 汽车保险中,以下哪种情况通常属于除外责任?(　　)

A.车辆被盗抢　　　　　　　　B.酒后驾驶导致的损失

C.自然灾害造成的车辆损坏　　D.碰撞事故中的第三方财产损失

12. 在填写投保单时,如果投保人故意隐瞒重要事实,保险公司有权采取什么措施?
(　　)

A.立即解除合同并退还保费　　B.拒绝赔偿但不解除合同

C.拒绝赔偿并解除合同,不退还保费　　D.提高保费作为惩罚

13. 汽车保险中的"无赔款优待"通常指的是(　　)。

A.多年未出险的投保人可享受的保费折扣

B.保险公司为所有投保人提供的额外服务

C.保险公司对首次投保客户的特别优惠

D.保险公司对高价值车辆的特别保障

14. 以下哪项不属于汽车保险中的附加险?(　　)

A.玻璃单独破碎险　　　　　　B.车上人员责任险

C.交强险　　　　　　　　　　D.自燃损失险

15. 在保险合同中,关于"保险期间"的约定通常是指(　　)。

A.投保人支付保险费的期限　　B.保险公司承担保险责任的起止时间

C.投保人可以选择的任意时间段　　D.保险合同生效后的固定年数

16. 汽车保险中,批改保险合同通常指的是(　　)。

A.投保人单方面修改合同内容

B.保险公司单方面调整保费

C.投保人与保险公司协商一致后,对合同内容进行修改或补充

D.合同到期后的续签过程

17. 以下哪项不是影响汽车保险费率的主要因素?(　　)

A.车辆品牌与型号　　　　　　B.车主的年龄与驾龄

C.车辆的购买价格　　　　　　D.车主的驾驶记录

18. 在汽车保险中,什么是免赔额?(　　)

A.保险公司不承担的最高赔偿限额

B.投保人需要自行承担的一部分损失金额

C.保险公司拒绝赔偿的特定情况

D.保险合同生效后,投保人无须再支付的费用

19. 以下哪种情况不属于汽车保险中的第三者责任险的赔偿范围?(　　)

A.碰撞事故中对方车辆的维修费用　　B.对方车辆上乘客的医疗费用

C.投保人自己的车辆损失　　D.因事故造成的公共设施损坏赔偿

20. 汽车保险中,"全险"一词的准确含义是(　　)。

A.包含所有可能风险的保险组合

B.保险公司提供的最全面的保险套餐

C.实际上并不存在,因为无法覆盖所有风险

D. 只需购买一种险种即可保障所有风险

二、问答题

1. 简述汽车保险投保的一般流程。

2. 什么是核保？核保过程中保险公司主要关注哪些因素？

3. 保险单在保险合同中扮演什么角色？

4. 简述续保的重要性及注意事项。

三、材料题

材料一：

王先生去年购买了一辆新车，并在某保险公司投保了交强险、车损险和三者险。今年保险即将到期，王先生考虑续保，并计划增加划痕险。

问题：王先生在续保前应考虑哪些因素来选择合适的保险险种和保额？

材料二：

李女士在投保汽车保险时，保险公司要求她提供身份证明、车辆行驶证和驾驶证复印件。李女士对部分信息的安全性表示担忧。

问题：面对个人信息的安全性问题，李女士在投保过程中可以采取哪些措施来保护自己的隐私？

第三章练习题答案

第四章 汽车保险费率与定价

第一节 保险费率基本概念

学习目标

1. 准确理解保险费率的定义,清晰阐述保险费率的含义、保险费用与保险金额之间的比例关系,及其在汽车保险中的具体应用。

2. 掌握保险费率的构成,深入分析保险费率的组成部分,包括纯费率和附加费率,理解各部分在总费率中的比例和作用。

3. 识别并分析影响保险费率的因素,列举并讨论影响汽车保险费率的各种因素,理解这些因素如何综合作用于费率水平。

4. 理解并应用费率厘定原则与方法,掌握保险费率厘定的基本原则,并熟悉常用的费率厘定方法,理解这些方法在实际操作中的应用场景和优缺点。

5. 通过对保险费率基本概念的学习,能够批判性地分析现有费率体系的合理性,针对特定情境提出费率调整或优化的建议。

学习指导

1. 认真预习教材或相关学习资料中关于保险费率基本概念的部分,确保对保险费率的定义、构成、影响因素及厘定原则与方法有初步了解。

2. 在阅读过程中,注重记录关键概念、原理和实例,形成自己的学习笔记,以便后续复习和参考。

3. 在网络、教材或教师提供的资源中,寻找与保险费率相关的实际案例,特别是涉及费率调整、优化或争议的案例。

4. 深入分析案例中的费率构成、影响因素及厘定方法,讨论其合理性和有效性,并提出自己的见解和改进建议。

5. 利用给定的数据或模拟场景,尝试进行保险费率的计算,加深对费率构成和厘定方法的理解。

一、保险费率的定义

保险费率是保险公司根据保险标的的不同风险等级,依据统计数据和精算技术确定的,用于计算保险费用的比例或金额。在汽车保险中,保险费率直接关系到车主需要支付的保费金额,是保险合同的重要组成部分。

二、费率构成

汽车保险费率的构成通常包括以下几个部分。

（一）纯费率

纯费率也称为净费率,是保险费率的主要组成部分,用于补偿保险事故发生后的经济损失。纯费率的高低取决于保险标的的损失频率和损失程度。

（二）附加费率

附加费率用于保险公司运营成本和利润的补偿,包括管理费、手续费、税金等。附加费率的高低与保险公司的经营效率和管理水平密切相关。

三、影响因素

汽车保险费率的影响因素众多,主要包括以下几个方面。

车辆类型与品牌:不同类型和品牌的车辆,其安全性能、维修成本、盗窃风险等存在差异,因此保险费率也会有所不同。

车辆使用性质:私家车、营运车辆等不同使用性质的车辆,其行驶里程、使用频率、风险暴露程度等不同,保险费率也会有所区别。

驾驶员信息：驾驶员的年龄、驾龄、驾驶记录等因素也会影响保险费率。例如，年轻驾驶员和驾驶记录不良的驾驶员可能面临更高的保险费率。

地理位置：不同地区的交通状况、治安环境、气候条件等也会对保险费率产生影响。例如，交通拥堵、治安较差或气候恶劣的地区，保险费率可能相对较高。

保险条款与保障范围：不同的保险条款和保障范围对应不同的保险费率。车主在选择保险时，应根据自身需求和预算选择合适的保险条款和保障范围。

四、费率厘定原则与方法

费率厘定原则主要包括公平性原则、合理性原则、稳定性原则和充分性原则。这些原则旨在确保保险费率既能覆盖保险公司的成本和利润，又能反映不同风险等级的差异，同时保持相对稳定，避免频繁波动对车主造成不利影响。

费率厘定方法主要包括以下几种。

经验费率法：根据历史赔付数据和统计资料，运用精算技术确定保险费率。这种方法依赖于大量的历史数据和科学的精算方法，能够较为准确地反映保险标的的风险状况。

风险费率法：根据车辆和驾驶员的具体风险因素，如车辆类型、使用性质、驾驶员年龄和驾龄等，采用一定的风险评估模型进行费率厘定。这种方法能够更加灵活地反映不同风险等级的差异，实现个性化定价。

市场竞争法：在市场竞争激烈的环境下，保险公司可能会根据市场需求和竞争状况，灵活调整保险费率以吸引客户。这种方法虽然能够提升保险公司的市场竞争力，但也可能导致费率波动较大，不利于保险市场的稳定发展。

在汽车保险中，保险费率的厘定是一个复杂而重要的过程，它直接决定了车主需要支付的保费金额。为了更直观地理解这一过程，我们可以举一个具体的例子来说明。

【案例】

假设有一位车主拥有一辆价值20万元、6座以下的家用轿车，他计划为这辆车购买汽车保险。在选择保险产品和计算保费时，他需要考虑多个因素，而保险费率就是其中的关键。

以下是一个简化的计算过程。

假设这辆车的纯费率为1.5%（基于车辆价值20万元计算），附加费率为1%（假设值），则总费率为2.5%。车主选择的保险金额为车辆价值即20万元，则保费计算如下：

$$保费=保险金额\times总费率$$
$$=200\,000\times2.5\%元$$
$$=5000元$$

第二节　交强险费率制度

学习目标

1. 理解交强险费率制度的基本概念,掌握交强险的定义、目的及其在汽车保险中的重要性。

2. 掌握浮动费率机制,深入理解浮动费率机制的工作原理,包括如何根据车辆的风险状况动态调整保险费率。

3. 分析赔款记录与事故记录对保险费率的影响,明确赔款次数、事故类型及严重程度如何影响交强险费率的浮动。

4. 熟悉无赔款优待(NCD)系数,理解 NCD 系数的计算方法和作用,以及它如何激励车主安全驾驶并减少事故发生。

5. 分析浮动费率机制在促进道路安全、提高保险公司运营效率以及维护消费者权益方面的作用。

学习指导

1. 提前阅读教材中关于交强险费率制度、浮动费率机制、赔款记录与事故记录影响、NCD 系数的内容,对基本概念和原理有初步了解。

2. 利用网络资源,观看相关教学视频,加深对浮动费率机制和无赔款优待系数的理解。

3. 预习过程中记录下自己不理解或感兴趣的问题,以便在课堂上或小组讨论时提出。

4. 通过分析具体的车险案例,理解赔款记录与事故记录如何影响保险费率,以及 NCD 系数在实际操作中的应用。

5. 整理课堂笔记,对交强险费率制度、浮动费率机制、赔款记录与事故记录影响、NCD 系数等知识点进行归纳总结。

6. 利用所学知识,模拟计算不同赔款记录下的交强险费率,加深对浮动费率机制的理解。

7. 了解不同保险公司的交强险费率政策,分析其在浮动费率机制和无赔款优待系数方面的差异。

一、交强险基础费率

（一）家庭自用车

家庭自用车交强险基础费率如表 4-1 所示。

表 4-1　家庭自用车交强险基础费率

车辆类型	座位数	基础保费/元
家庭自用汽车	6 座以下	950
家庭自用汽车	6 座及以上	1100

（二）非营业客车

非营业客车交强险基础费率如表 4-2 所示。

表 4-2　非营业客车交强险基础费率

车辆类型	座位数	基础保费/元
企业非营业客车	6 座以下	1000
	6～10 座	1130
	10～20 座	1220
	20 座以上	1270
机关非营业客车	6 座以下	950
	6～10 座	1070
	10～20 座	1140
	20 座以上	1320

（三）营业客车

营业客车交强险基础费率如表 4-3 所示。

表 4-3　营业客车交强险基础费率

车辆类型	座位数	基础保费/元
营业出租租赁	6 座以下	1800
	6～10 座	2360
	10～20 座	2400
	20～36 座	2560
	36 座以上	3530
营业城市公交	6～10 座	2250
	10～20 座	2520
	20～36 座	3020
	36 座以上	3140

续表

车辆类型	座位数	基础保费/元
营业公路客运	6～10座	2350
	10～20座	2620
	20～36座	3420
	36座以上	4690

（四）非营业货车

非营业货车交强险基础费率如表4-4所示。

表4-4　非营业货车交强险基础费率

车辆类型	吨位	基础保费/元
非营业货车	2吨以下	1200
	2～5吨	1470
	5～10吨	1650
	10吨以上	2220

（五）营业货车

营业货车交强险基础费率如表4-5所示。

表4-5　营业货车交强险基础费率

车辆类型	吨位	基础保费/元
营业货车	2吨以下	1850
	2～5吨	3070
	5～10吨	3450
	10吨以上	4480

（六）特种车

特种车交强险基础费率如表4-6所示。

表4-6　特种车交强险基础费率

车辆类型	种类	基础保费/元
特种车一	油罐车、汽罐车、液罐车等	3710
特种车二	专用净水车、特种车一以外的罐式货车等	2430
特种车三	装有固定专用仪器设备、从事专业工作的机动车	1080
特种车四	集装箱拖头等	3980

（七）摩托车

摩托车交强险基础费率如表4-7所示。

表 4-7 摩托车交强险基础费率

车辆类型	排量	基础保费/元
摩托车	50 mL 及以下	80
	50～250 mL(含)	120
	250 mL 以上及侧三轮	400

二、浮动费率机制

浮动费率机制是指交强险的保险费率不是固定不变的,而是会根据车主的驾驶行为和事故记录进行动态调整。具体来说,对于驾驶记录良好、事故发生率低的车主,保险费率会相应降低;而对于驾驶记录较差、事故发生率高的车主,保险费率则会相应提高。

(一)优惠与上浮条件

1. 优惠条件

(1)若车主一年未发生有责任道路交通事故,交强险保费可享受九折优惠,即 6 座以下家庭自用车第二年保费为 855 元,6 座及以上家庭自用车为 990 元。

(2)若连续三年未发生事故,最高可省三成的保费,即 6 座以下家庭自用车保费降至665 元,6 座及以上家庭自用车降至 770 元。

(3)若连续多年无违法、无责任交通事故,交强险保费可享受折扣,例如一年无事故可享 10% 折扣,连续三年无事故可享 30% 折扣。

2. 上浮条件

(1)若上一年发生交强险理赔,保费将恢复到原始标准,即 6 座以下家庭自用车 950 元,6 座及以上家庭自用车 1100 元。

(2)若上一年出险 2 次,保费上浮 20%;出险 3 次,保费上浮 50%;出险 4 次,保费上浮75%;出险 5 次及以上,保费上浮 100%。

(3)若上一年发生有责任道路交通死亡事故,保费上浮 30%。

(二)赔款记录与事故记录的影响

若车辆在过去一年内有赔款记录,保费将根据赔款次数不同而上浮,如 1～2 次赔款按标准保费的 90% 收取,3 次赔款按 99% 收取,4 次赔款按 108% 收取,5～7 次赔款则可能高达 130% 的标准保费。

若有事故记录或交通违法行为,保费也将相应上浮,具体比例依据事故频次和严重程度而定。

(三)无赔款优待(NCD)系数

无赔款优待系数是影响交强险费率浮动的重要因素之一。若车辆在过去一年内没有发生赔款,下一年度的保费可能按标准保费的 81% 收取;连续两年无赔款,则按 72% 收取;连续三年无赔款,则按 60% 收取。无赔款优待等级及对应的系数范围如表 4-8 所示。

表 4-8　无赔款优待等级及对应的系数范围

无赔款优待等级	系数范围	示例系数	说明
0	1.0	1.0	首年投保或最近三年出险超过一定次数（如 5 次及以上），不享受优待
−1	0.85～0.90	0.85	上年未出险，享受一定优惠
−2	0.70～0.75	0.7	连续两年未出险，优惠增加
−3	0.60～0.65	0.6	连续三年未出险，优惠进一步增加
−4	0.50～0.55	0.5	连续四年及以上未出险，享受最大优惠
…	…	…	其他中间等级，具体系数由保险公司确定
1	1.10～1.20	1.1	最近三年出险次数较少，但不足以享受优惠，保费可能略有上浮
2	1.25～1.35	1.25	出险次数增加，保费上浮更多
…	…	…	出险次数继续增加，保费上浮比例也相应增加

注意，上述对照表中的等级和系数范围仅为示例，实际应用时请参考具体保险公司的规定。等级为负数表示被保险人享受保费优惠，且数值越小优惠越大；等级为正数则表示被保险人因出险次数较多而需要支付更高的保费。

无赔款优待等级的计算通常基于被保险人最近三年的投保和出险情况。首年投保或最近三年出险次数过多的被保险人可能无法享受优待。

保险公司可能会根据市场情况和自身经营策略调整无赔款优待等级和系数的具体数值和范围。

三、浮动费率机制的作用

激励作用：通过保费优惠和上浮机制，激励车主自觉遵守交通规则，提高道路交通安全意识。

风险定价：使保险费率更加合理地反映车主的风险水平，实现风险与保费的匹配。

社会稳定：通过减少交通事故的发生，降低社会成本，维护社会稳定和谐。

交强险的浮动费率机制通过差异化的保费调整，既体现了对安全驾驶行为的奖励，也体现了对高风险驾驶行为的惩罚。这种机制有助于引导车主自觉遵守交通规则，提高道路交通安全水平。同时，车主在购买交强险时也应充分了解费率调整规则，合理规划自己的驾驶行为，以降低保险费用。

第三节　商业车险费率改革

学习目标

1. 理解商业车险费率改革的背景与目的,掌握商业车险费率改革的历史背景、政策驱动因素以及改革的主要目标,如提高市场效率、促进保险公司创新、保护消费者权益等。

2. 掌握车型定价与风险因子的应用,深入理解车型定价的基本原理,包括车辆类型、品牌、价值等因素如何影响保险费率。

3. 了解风险因子在商业车险定价中的作用。

4. 明确费率市场化改革的方向和意义,了解市场化费率形成机制,包括保险公司自主定价权的增加、市场竞争的加剧以及费率与风险更加精确的匹配等。

学习指导

1. 提前阅读教材中关于商业车险费率改革、车型定价与风险因子、费率市场化趋势的内容,同时查阅相关政策文件,了解改革的最新动态。

2. 利用网络资源,观看行业报告、专家访谈等视频,达到对商业车险费率改革的深入理解。

3. 预习过程中记录下自己不理解或感兴趣的问题,以便在课堂上或小组讨论中提出。

4. 针对预习中提出的问题,积极向教师或同学提问,确保所有疑问都能得到解答。

5. 阅读行业报告、学术论文等扩展材料,了解商业车险费率改革的最新研究成果和发展趋势。

一、商业车险费率改革背景与目的

(一)背景

近年来,商业车险费率改革在中国保险市场不断推进,这主要是受到以下几个方面的影响。

市场需求的变化:随着汽车保有量的不断增加,消费者对车险产品的需求也日益多样化。传统的车险定价模式已难以满足市场需求,需要更加科学、合理的定价机制。

行业发展的需要:车险行业在发展过程中面临诸多挑战,如理赔成本高、风险控制难等。费率改革可以促进车险市场的健康发展,提升行业的整体竞争力。

政策推动:政府部门一直在推动车险市场的改革,旨在通过市场化手段优化资源配置,提高保险市场的效率。

（二）改革的主要目的

实现费率与风险的精准匹配：通过引入车型定价和风险因子等因素，使车险费率更能反映车辆的实际风险状况。

提升车险市场的透明度：改革将推动车险条款和费率的公开化与透明化，让消费者更加清晰地了解车险产品。

促进市场竞争：费率市场化将增加保险公司的定价自主权，促进市场竞争，为消费者提供更多元化的选择。

二、车型定价与风险因子

（一）车型定价

车型定价是商业车险费率改革的重要内容之一。传统的车险定价模式主要基于保额定价，即根据车辆的新车购置价来确定保险金额和保费。然而，这种定价模式存在诸多弊端，如"高保低赔"等问题。

车型定价模式则以车型作为风险分组维度，通过收集和分析不同车型的损失数据、维修成本等信息，制定更加精准的费率。

1. 定义与背景

车型定价是指根据车辆的具体型号、配置等因素来确定车险保费的一种方式。这种定价方式相较于传统的以新车购置价为基础的定价方式更为精准和科学，能够更好地反映车辆的实际价值和风险状况。

2. 特点与优势

（1）车型定价模式的特点。

精准性：车型定价能够综合考虑车辆的品牌、型号、配置、使用年限等多种因素，从而更准确地评估车辆的风险状况和价值。

公平性：通过车型定价，不同车型之间的保费差异将更加合理，避免了传统定价方式下可能出现的"高保低赔"现象。

激励作用：车型定价有助于引导消费者购买更加安全、易维修的车辆，因为这类车辆的保费相对较低。同时，对于高风险车型，车主可能会更加谨慎地驾驶以降低保费。

（2）车型定价模式的优势。

更准确地反映车型风险：不同车型在维修成本、出险频率等方面存在显著差异，车型定价能够更准确地反映这些差异。

提升消费者满意度：车型定价使保费更加合理，消费者能够根据自己的车型和风险状况选择合适的保险产品。

3. 实施方式

在车型定价中，保险公司通常会根据车辆的历史赔付数据、维修成本、零整比等因素来确定不同车型的基准保费。同时，还会结合车辆的实际价值、使用年限等因素进行动态调整。此外，随着科技的进步和数据的积累，保险公司还可以运用大数据和人工智能技术来优化车型定价模型,提高定价的精准度和效率。

(二)风险因子

在车型定价的基础上,风险因子也成为影响保费的重要因素。风险因子包括车辆驾驶行为、使用性质、历史出险记录等,这些因素能够更全面地反映车辆的风险状况。通过引入风险因子,保险公司可以更准确地评估车辆的风险,从而制定更合理的保费。

1. 定义与分类

风险因子是指影响车险保费确定的各种风险因素。根据不同的分类标准,风险因子可以分为多种类型。例如,按照风险来源可以分为车辆因素、驾驶员因素、环境因素等;按照可控性可以分为可控风险因子和不可控风险因子等。

2. 主要风险因子

车辆因素:包括车辆的品牌、型号、配置、使用年限、行驶里程等。这些因素直接影响车辆的价值和风险状况。

驾驶员因素:包括驾驶员的年龄、驾龄、驾驶习惯等。驾驶员的风险状况对车险保费有重要影响,例如,年轻驾驶员和新手驾驶员的保费通常较高,因为他们更容易发生交通事故。

环境因素:包括车辆的使用环境、停放地点等,例如,在交通事故高发地区行驶的车辆保费可能较高。

3. 影响机制

风险因子通过影响车辆的风险状况来间接影响车险保费的确定。保险公司会根据风险因子的不同组合和权重来评估车辆的风险等级,并据此确定相应的保费。风险等级越高的车辆,其保费也相应越高。

(三)未来趋势

随着科技的进步和数据的积累,风险因子的识别和评估将更加精准和全面。例如,通过车联网技术可以实时监测车辆的行驶状态和驾驶员的驾驶行为,从而更准确地评估车辆的风险状况。这将有助于保险公司制定更加科学合理的保费定价策略,提升车险市场的效率和公平性。

三、费率市场化趋势

费率市场化是商业车险费率改革的重要方向之一。费率市场化意味着保险公司将根据市场供求关系、风险状况等因素自主确定车险费率,政府将减少对费率的直接干预。

(一)费率市场化的背景

费率市场化是指将商业车险的费率确定权交由市场竞争机制来决定,减少政府对费率的直接干预,使保险公司能够根据市场供求关系、风险状况及自身经营策略等因素自主制定费率。

随着汽车保有量的快速增长和消费者需求的日益多样化,传统的车险费率定价模式已难以满足市场需求。同时,政府也在推动保险市场的改革,鼓励保险公司创新产品和服务,提高市场效率。因此,费率市场化成为车险市场改革的重要方向。

(二)费率市场化的主要特点

1. 定价自主权增加

保险公司将拥有更大的定价自主权,能够根据市场情况和自身经营策略灵活调整费率。这将有助于保险公司更好地适应市场变化,提高竞争力。

2. 市场竞争加剧

费率市场化将加剧车险市场的竞争。为了吸引客户,保险公司可能会通过降低保费、提高服务质量等方式来争夺市场份额。这将促使保险公司不断创新产品和服务,提高市场效率。

3. 消费者受益

费率市场化将使消费者拥有更多的选择权。消费者可以根据自己的需求和预算选择适合自己的保险产品,享受更加个性化的服务。同时,市场竞争的加剧也将推动保险公司降低保费、提高服务质量,从而进一步惠及消费者。

(三)费率市场化的推进措施

1. 完善法律法规

政府应完善相关法律法规体系,为费率市场化提供法律保障;明确保险公司在费率制定方面的权利和义务,规范市场秩序,防止不正当竞争行为的发生。

2. 加强监管力度

监管部门应加强对车险市场的监管力度,确保费率市场化的有序推进;建立健全监管机制和市场退出机制,及时发现和纠正市场中的违规行为,维护市场秩序和消费者权益。

3. 推动数据共享

鼓励保险公司之间加强数据共享和合作,共同构建车险行业数据库;通过数据分析和挖掘,提高车险定价的准确性和科学性,为费率市场化提供有力支持。

4. 加强宣传教育

加强对消费者的宣传教育工作,提高消费者对车险费率市场化的认识和理解;引导消费者理性选择保险产品,避免盲目追求低价而忽略保险产品的保障功能和服务质量。

(四)费率市场化的未来展望

随着车险市场的不断发展和完善,费率市场化将成为未来车险市场的重要趋势之一。未来,车险市场将呈现出以下发展趋势。

1. 费率将更加精准

随着数据共享和数据分析技术的不断发展,保险公司将能够更加精准地评估车辆的风险状况,制定更加合理的费率。这将有助于降低保险公司的赔付成本和风险敞口,提高市场效率。

2. 产品将更加多样化

费率市场化将激发保险公司的创新活力,推动车险产品的创新和发展。未来车险市场将涌现出更多样化的保险产品,满足不同消费者的需求。

3. 服务将更加优质

为了吸引客户并保持市场份额,保险公司将不断提高服务质量。未来车险市场将提供更加优质的服务体验,包括便捷的投保流程、快速的理赔服务等。

费率市场化是商业车险市场发展的重要趋势之一。费率市场化改革可以提升市场效率、促进竞争并满足消费者多元化需求。未来,随着技术的不断进步和市场的不断完善,费率市场化将在车险市场中发挥更加重要的作用。

然而,费率市场化也面临一些挑战,如市场竞争加剧可能导致价格战、保险公司盈利能力下降等问题。因此,在推进费率市场化的过程中,需要建立健全的监管机制和市场退出机制,确保市场的稳定和健康发展。

练习题

一、选择题

1. 确定汽车保险费率的主要依据是(　　)。

A. 车主的个人喜好　　　　　　　　B. 车辆的购买价格

C. 车辆的风险评估　　　　　　　　D. 保险公司的经营策略

2. 以下哪项不属于影响汽车保险费率的非车辆因素?(　　)

A. 车主年龄　　　　　　　　　　　B. 驾驶员驾龄

C. 车辆品牌　　　　　　　　　　　D. 车主信用记录

3. 在汽车保险费率计算中,车辆的使用性质(如私家车、营运车)对费率有何影响?(　　)

A. 无影响　　　　　　　　　　　　B. 私家车费率高于营运车

C. 营运车费率高于私家车　　　　　D. 取决于具体保险公司政策

4. "从车原则"在保险费率确定中主要关注(　　)。

A. 车主的个人信息　　　　　　　　B. 车辆的品牌与型号

C. 驾驶员的驾驶技术　　　　　　　D. 车辆的停放地点

5. 汽车保险费率中的"风险加成"通常指的是(　　)。

A. 为高风险车辆提供的额外折扣　　B. 保险公司对高风险客户的惩罚性加价

C. 政府对高风险车辆的特别税费　　D. 保险公司为吸引客户而提供的优惠

6. 以下哪项不属于汽车保险费率厘定的基本原则?(　　)

A. 公平合理性　　B. 盈利最大化　　C. 稳定性　　　　D. 充分性

7. 在费率厘定过程中,保险公司如何评估车辆的风险等级?(　　)

A. 仅根据车辆价格　　　　　　　　B. 仅根据车主年龄

C. 综合多种风险因素进行分析　　　D. 随意确定

8. "从人原则"在保险费率确定中强调(　　)。

A. 车辆的品牌与性能　　　　　　　B. 驾驶员的驾驶经验和记录

C. 车辆的购买渠道　　　　　　　　D. 车主的财务状况

9. 以下哪项是汽车保险费率调整的常见原因？（　　）

A. 保险公司经营亏损　　　　　　　　B. 政府政策变化

C. 车主个人喜好的改变　　　　　　　D. 天气变化

10. 汽车保险中的"无赔款优待"制度如何影响费率？（　　）

A. 提高费率以奖励未出险车主　　　　B. 降低费率以鼓励车主安全驾驶

C. 对费率无直接影响　　　　　　　　D. 仅在首次投保时考虑

11. UBI(基于使用的保险)模式主要依据（　　）来调整保险费率。

A. 车主的财务状况　　　　　　　　　B. 车辆的购买价格

C. 车主的驾驶行为数据　　　　　　　D. 车辆的维修记录

12. 在汽车保险费率厘定中，以下哪项因素通常被视为正面因素，可能降低费率？（　　）

A. 驾驶员多次违规记录　　　　　　　B. 车辆使用年限较长

C. 车主安装了高级防盗系统　　　　　D. 车主居住在高风险区域

13. 保险公司如何确定不同车型的基准费率？（　　）

A. 随意设定　　　　　　　　　　　　B. 依赖政府规定

C. 基于历史赔付数据和风险评估　　　D. 仅考虑车辆购买价格

14. "风险加成"在保险费率厘定中的作用是（　　）。

A. 对所有投保人统一加价

B. 弥补保险公司的固定成本

C. 根据风险评估结果对特定风险进行额外加价

D. 鼓励投保人购买更多附加险种

15. 以下哪项不属于保险公司调整汽车保险费率的常见原因？（　　）

A. 赔付率上升　　　　　　　　　　　B. 市场竞争加剧

C. 车主个人兴趣变化　　　　　　　　D. 法律法规变化

16. 在 UBI 模式下，保险公司如何监测车主的驾驶行为？（　　）

A. 通过车载 OBD 设备　　　　　　　B. 依赖车主自行报告

C. 使用卫星定位技术　　　　　　　　D. 监听车主的手机通话

17. 汽车保险费率厘定中的"稳定性"原则主要关注（　　）。

A. 费率调整的频率　　　　　　　　　B. 费率水平的高低

C. 费率在不同地区的差异　　　　　　D. 费率计算的复杂性

18. 以下哪项是保险公司为了吸引低风险客户而可能采取的策略？（　　）

A. 提高高风险客户的费率　　　　　　B. 推出更多附加险种

C. 降低低风险客户的费率　　　　　　D. 增加对高风险客户的营销投入

19. 在汽车保险费率厘定过程中，为什么需要收集车主的信用记录？（　　）

A. 评估车主的支付能力　　　　　　　B. 判断车主的驾驶习惯

C. 确定车辆的市场价值　　　　　　　D. 预测未来的交通事故率

20. 随着智能驾驶技术的发展，未来汽车保险费率厘定可能发生的最大变化是（　　）。

A. 保费将普遍降低　　　　　　　　　B. 保费将完全由车辆制造商承担

C. 保费将更多地基于车辆智能数据　　D. 保费将不再考虑驾驶员因素

二、问答题

1. 简述汽车保险费率厘定的主要步骤。

2. "从车原则"和"从人原则"在保险费率确定中各有何侧重?

3. 汽车保险费率中的"经验费率"是如何形成的?

4. 为什么汽车保险费率需要定期调整?

三、材料题

材料一:

某保险公司近期对其汽车保险费率进行了调整,对高风险车辆(如豪华跑车、老旧货车)提高了费率,同时对连续多年未出险的车主给予了更大的保费折扣。

问题:分析该保险公司调整费率的原因及可能带来的影响。

材料二:

近年来,随着智能驾驶技术的快速发展,一些保险公司开始探索基于车辆智能数据的保险费率厘定方法,即"UBI"(usage-based insurance,基于使用的保险)模式。在这种模式下,保险费率不仅取决于车辆本身的风险因素,还结合了车主的驾驶行为数据,如行驶里程、驾驶时间、急加速次数等。

问题:UBI模式相比传统保险费率厘定方法有哪些优势?简述其可能面临的挑战。

第四章练习题答案

第五章　汽车保险事故处理

第一节　事故报案与查勘

学习目标

1. 深入理解事故应急处理原则，知道在交通事故发生后，如何迅速而有效地采取初步应急措施，确保人员安全，保护事故现场，并防止损失扩大。

2. 熟练掌握报案流程与细节，明确并熟练记忆报案的各个环节，了解报案的时效性、所需材料、与保险公司沟通的技巧等，确保报案过程顺畅无误。

3. 精通现场查勘技巧与证据保全，学习并掌握现场查勘的基本技能，包括如何识别关键证据、如何拍摄现场照片、如何记录事故细节等，同时了解证据保全的重要性及方法。

学习指导

1. 设计多种交通事故场景，如追尾、侧碰、单方事故等，让学生分组进行情景模拟，模拟事故发生后的应急处理、报案及初步查勘过程。

2. 在模拟场景中,引入保险公司查勘员角色,与学生进行互动,模拟报案与查勘流程,让学生在实践中学习和掌握相关技能。

3. 将学生分为若干小组,每组分配一个或多个事故案例,要求小组内成员共同分析案例中的应急处理、报案及查勘过程,提出改进意见,并准备小组汇报。

4. 鼓励学生分享自己或身边人的事故处理经历,通过个人经验分享,增进学生对事故处理流程的理解和认识。

5. 引导学生利用智能手机、平板电脑等工具,学习并掌握使用相关 APP 进行事故报案、现场拍照、证据上传等技能,提高事故处理的效率和准确性。

一、事故发生后的应急处理

在汽车保险领域,当车主遭遇交通事故时,迅速而恰当的应急处理不仅能最大限度地保护人身安全,还能为后续的保险理赔流程奠定良好的基础。

(一)确保人身安全

首先,检查自己及乘客是否受伤,如伤势严重,立即拨打急救电话120并等待救援。

若情况允许,可尝试帮助其他受伤人员,但务必在确保自身安全的前提下进行。如有必要,使用警示标志(如三角警示牌)或车内应急工具(如反光背心)提醒过往车辆注意。

(二)保护现场

在不阻碍交通和确保安全的前提下,尽量保持事故现场的原状。不要随意移动车辆或物品,以免破坏证据。

如果车辆无法移动或必须移动以避免进一步危险(如火灾、交通堵塞),应先拍照记录车辆位置、碰撞痕迹和周围环境。

(三)及时报案

立即拨打保险公司提供的报案电话,按照语音提示或人工服务指引进行报案。报案时应保持冷静,清晰、准确地描述事故情况。

如果事故涉及人员伤亡或严重财产损失,还需根据当地法律法规向交警部门报案,并等待交警到场处理。

二、报案流程与注意事项

(一)报案流程

受理报案

1. 联系保险公司

拨打保险公司客服电话,根据提示选择相应的报案服务。部分保险公司提供在线报案服务,可通过官方网站或手机 APP 进行。中国人民财产保险股份有限公司全国统一的服务热线是"95518",中国平安保险(集团)股份有限公司客服电话是"95511",中国太平洋保险

（集团）股份有限公司客服电话是"95500"，中国大地财产保险股份有限公司全国统一服务热线是"95590"。电话接通后，提供报案人的姓名、联系方式、保单号等基本信息，并简要描述事故经过。

2. 提供详细信息

根据保险公司的要求，车主应提供详细的事故信息，包括事故时间和地点、天气情况、车辆信息（车牌号、车型、颜色等）、驾驶员信息、对方车辆及人员信息等。如有现场照片、视频或其他证据材料，可一并上传至保险公司指定的平台或发送给理赔专员。

3. 等待指引

保险公司会根据事故情况给出相应的处理建议，如是否需要现场查勘、如何填写理赔申请书、准备理赔所需材料清单等。

车主应认真听取保险公司的指引，并按照要求准备相关材料。

（二）注意事项

时效性：报案时间越早越好，一般建议在事故发生后 24 小时内完成报案。延迟报案可能会影响理赔时效和结果。

准确性：提供的信息应准确无误，避免夸大或隐瞒事实。任何虚假信息都可能导致理赔申请被拒绝。

保留证据：在整个事故处理过程中，务必保留所有与事故相关的证据材料，如现场照片、交警事故认定书、医疗单据、维修发票等。这些证据材料是理赔的重要依据。

三、现场查勘与证据收集

现场查勘

（一）现场查勘

保险公司查勘员到场：在接到报案后，保险公司会派遣专业的查勘员到事故现场进行查勘。查勘员会详细询问事故经过，检查车辆受损情况，并拍摄现场照片和记录相关数据。

合作与沟通：车主应积极配合查勘员的工作，提供必要的协助和信息。对于查勘员的询问和要求，应如实回答并积极配合。

了解查勘结果：查勘结束后，车主可以向查勘员了解初步的查勘结果和损失评估情况。如有异议或疑问，应及时向保险公司提出。

（二）证据收集

现场照片：拍摄事故现场全貌照片，包括车辆位置、碰撞痕迹、周围环境等。同时，拍摄车辆受损部位的细节照片，以便保险公司了解损失情况。

交警事故认定书：如交警到场处理事故，车主应主动索要交警事故认定书。该认定书是证明事故责任的重要证据之一。

维修估价单：将受损车辆送至保险公司指定的维修厂或具有相应资质的维修厂进行定损。维修厂会根据车辆受损情况出具维修估价单，作为确定理赔金额的依据之一。

其他证据：目击者证言、行车记录仪视频等也可作为理赔的辅助证据。车主应尽可能收集这些证据材料，并在理赔时提交给保险公司。

在整个报案、查勘和理赔过程中,车主应保持与保险公司的良好沟通,及时提供所需材料和信息。同时,按照保险公司的要求和流程进行操作,可以确保理赔过程顺利进行并尽快获得赔偿。此外,车主还应了解自身的保险权益和责任范围,以便在事故发生时能够做出正确的判断和决策。

第二节 定损与核损

学习目标

1. 掌握车辆损失评估的原则与方法:理解车辆损失评估的基本原则,如修复为主、更换为辅,以及在保证使用寿命、主要性能和外观恢复或接近事故前状况的前提下节约费用;熟悉车辆损失评估的具体方法,包括如何确定更换的零部件、维修工时费,以及如何处理完全毁坏的车辆等。

2. 了解定损流程:清晰了解定损流程的各个环节,包括报案、查勘、定损、审核等步骤;理解每个环节的具体操作和要求,以及在整个定损过程中的作用和意义。

3. 掌握核损审核与确认的要点:明白核损审核的重要性,了解核损员的工作职责和审核要点;掌握核损审核的具体流程,包括审核查勘报告、定损报告、相关单证和照片等;理解核损确认的标准和程序,以及如何通过核损审核确保定损结果的准确性和公正性。

学习指导

1. 理论学习。

阅读教材与参考资料:仔细阅读教材中关于车辆损失评估原则与方法、定损流程、核损审核与确认的内容。查阅相关的权威资料、学术论文或行业报告,以获取更全面的信息,达到深入理解。

观看教学视频:利用网络资源,观看关于车辆损失评估、定损流程、核损审核的教学视频或讲座。通过视频学习,可以更直观地了解定损与核损的实际操作过程。

2. 案例分析。

分析实际案例:选取一些典型的车辆损失事故案例,进行深入分析。了解案例中车辆损失的具体情况、定损过程、核损审核结果等。通过案例分析,加深对定损与核损流程的理解和掌握。

小组讨论:进行小组讨论,分享各自对案例的理解和看法。通过讨论,互相学习、互相启发,共同提高对定损与核损流程的认识。

3. 实践操作。

模拟定损与核损:利用模拟软件或工具,进行车辆损失评估、定损和核损的模拟操作。

通过模拟操作,熟悉定损与核损的各个环节和流程。

参与实地查勘:组织学生参与实际的车辆损失事故查勘工作。通过实地查勘,了解事故现场的具体情况,收集相关证据和信息。结合实际查勘经验,加深对定损与核损流程的理解和掌握。

4. 总结。

学习结束后,总结自己在车辆损失评估原则与方法、定损流程、核损审核与确认等方面的学习成果和收获。

一、车辆损失评估原则与方法

(一)评估原则

1. 修复为主,更换为辅

在保证车辆使用寿命、主要性能和外观恢复或接近事故前状况的前提下,优先采用修复方式处理车辆损失,以减少费用并保留车辆的原有价值。

2. 市场价格参考

评估中确定更换的零部件和维修工时费,应参照事故发生时当地市场的平均价格水平,确保评估结果的公正性和合理性。

3. 成新率考虑

对于已使用过的车辆,在评估其损失金额时,需考虑该车辆的成新率,以反映车辆的实际价值。

(二)评估方法

1. 市场法

根据市场上同类车型的维修费用或同类型新车的价格水平,结合车辆的成新率,计算车辆的损失金额。这种方法能够反映车辆在市场上的实际价值,适用于大多数情况下的车辆损失评估。

2. 成本法

根据车辆的维修成本或重置成本来计算损失金额。对于修复价格超过车辆现行市场价格一定比例的完全毁坏车辆,通常采用成本法进行评估。

二、定损流程

定损

(一)报案

车主在车辆发生意外事故后,应第一时间向保险公司报案,并提供详细的车辆信息、事故地点、事故经过以及可能的损失情况。

(二)现场查勘

保险公司会安排查勘人员前往事故现场进行查勘,拍摄照片、记录事故现场情况,并出具事故认定书明确事故责任方。

（三）定损

车主应携带相关证件和资料前往指定的定损点进行车辆定损。定损人员会对车辆进行详细检查,确定车辆的损失项目和金额,并出具定损单(见图 5-1)。

中国平安财产保险股份有限公司

PING AN PROPERTY & CASUALTY INSURANCE COMPANY OF CHINA, LTD.

机动车辆保险定损报告

车牌号码					保单号	
发动机号					vin码	79248
厂牌车型	东风日产				出险时间	2021-09-01 11:59
序号	更换配件名称	数量	配件价	管理费	修理项目	工时费
1	前保险杠皮	1	1014	0	前保险杠(全喷)	450
2	前大灯安装底板(左)	1	74	0	前保险杠拆装(含附件)	120
3	前雾灯罩(左)	1	82	0		

材料费:	1170.0	工时费:	570.0
施救费	0	总扣减残值:	0

本页未尽之栏目,详见定损明细表

1、以甲乙丙三方协商,完全同意按甲方核定的价格修理。总计工料费人民币壹仟柒佰肆拾圆整(￥1740.0元)。

2、乙方按甲方核定项目保质保量修理,且履行甲方核定的修理及换件项目。如有违背,甲方有权向乙方追回价格差额。

3、乙方保证在RMB1740.0元内保质保量按时完成修理;若违约,愿意赔偿因拖延时间而造成的丙方的利润损失。

4、丙方对甲方核定的修理项目和价格无任何异议。如存在修理质量问题或价格超标,愿由自己负责。

5、其他约定:

乙方(修理厂)签章:	丙方(车方)签章:	甲方(保险公司)签章:
广 有限		中国平安财产保险股份有限公司 查勘定损人 联系方式:

图 5-1 定损单

（四）理赔申请与审核

车主在获得定损单后,应向保险公司提交理赔申请,并提供相关证明材料。保险公司会对理赔申请进行审核,核实事故责任、损失情况以及车主提供的资料是否齐全、真实。

（五）理赔款支付与维修

审核通过后,保险公司会将理赔款支付至车主指定的账户。车主可自行选择维修点或前往保险公司指定的维修点进行维修,确保车辆恢复到正常状态。

（六）争议处理

在定损过程中，如车主对定损结果有异议，可通过以下方式处理。

（1）协商沟通：首先与保险公司进行协商沟通，了解定损结果的具体依据和计算方式，尝试达成双方都能接受的解决方案。

（2）第三方评估：如协商无果，车主可委托具有专业资质的第三方评估机构对车辆损失进行重新评估。第三方评估机构将根据实际情况给出公正的评估结果，为争议处理提供依据。

（3）法律途径：若争议无法通过协商和第三方评估解决，车主可通过法律途径维护自己的权益，向人民法院提起诉讼。

三、核损审核与确认

核损

（一）定义

核损是保险公司对定损结果进行复核的过程。核损人员会对定损金额、维修方案等进行仔细审核，确保定损结果的合理性和准确性。审核过程中，核损人员可能会与定损人员进行沟通，了解定损的具体情况和依据。

经过核损审核后，如果定损结果确认无误，保险公司将按照约定向车主支付赔款。车主在收到赔款后，可按照定损单上的损失项目和金额进行维修，确保车辆恢复到正常状态。同时，车主也应注意保留相关证据和单据，以备后续需要。

（二）汽车定损员的工作流程

1. 接报案与初步了解

（1）接报案。

即时通信系统：汽车定损员应利用保险公司的即时通信系统（如内部通信软件、电话热线等）确保 24 小时响应。一旦接到报案，系统应自动分配任务给最近的或负责该区域的定损员，以提高响应速度。

报案信息详细记录：除了基本的车辆信息和事故概况外，定损员还应详细记录报案人的情绪状态、是否有紧急医疗需求、事故现场是否安全可接近等信息。这些信息有助于定损员评估现场勘查的风险和紧急程度。

（2）初步了解。

情绪安抚：与被保险人交流时，定损员应展现同理心，安抚被保险人的情绪，解释后续流程，减少其焦虑感。

事故原因初步分析：基于被保险人的描述，定损员可初步分析事故可能的原因，如驾驶员操作失误、道路条件不佳、第三方责任等。这有助于在现场勘查时更有针对性地收集证据。

损失预估：基于事故类型和车辆类型，定损员可初步预估损失范围，为现场勘查时携带必要的工具和资料做好准备。

2. 现场勘查与记录

（1）现场勘查。

安全评估：到达现场后，定损员应首先评估现场安全状况，包括交通流量、道路封闭情况、潜在危险源等。必要时,可请求交警或保险公司协助维护现场秩序。

细致勘查:勘查过程中,定损员必须对车辆内外部进行全面检查,特别注意细节部分,如漆面划痕、玻璃裂纹、内饰破损等。同时,还应关注车辆周围环境,如地面痕迹、散落物分布等。

技术应用:利用现代科技手段(如无人机航拍、3D扫描技术)辅助勘查,提高勘查效率和准确性。特别是对于复杂事故现场,这些技术能提供更全面、直观的事故信息。

(2)记录资料。

多角度拍摄:照片拍摄应确保光线充足、角度多样,以便从不同视角展示车辆受损情况。同时拍摄事故现场的全貌和周边环境,以便后续分析。

详细笔录:笔录内容应包括勘查时间、地点、天气条件以及勘查人员信息、勘查过程发现的问题、测量数据等。对于关键信息,应特别标注并拍照留存。

证据保护:对于重要证据,如破损部件、散落物等,需妥善保管或标记位置,防止遗失或破坏。同时,还必须注意保护现场环境,避免进一步破坏证据。

查勘记录表如图 5-2 所示,相关照片资料如图 5-3 所示。

保险车辆	被保险人		电话号码	1335▮▮▮
	交强险保单号		商业险保单号	
	报案编号	131450000001	车牌号码	晋 AZ▮▮▮
	厂牌型号	桑塔纳 SV▮▮ GFi 轿车	车架号码	LSVBH033X12149071
	发动机号	AYJ0048041	初次登记日期	2006 年 11 月 20 日
	保险期限	自 2013 年 9 月 11 日零时起 至 2014 年 9 月 10 日二十四时止		
	使用性质	□家庭自用 □非营业 □营业 □摩托车、拖拉机 □特种车		
驾驶员	姓名		联系电话	1335▮▮
	驾驶证号		初次领证日期	2006 年 10 月 20 日
	准驾车型	C1	指定驾驶员	□是　□否
出险时间	2013 年 10 月 11 日 13 时 11 分	第一现场	□是　□否	
出险地点	山西省太原市康乐街	查勘地点	山西省太原市康乐街	
赔案类别	□一般　□特殊　□重大　□外地委托查勘　□电销			
出险原因	□碰撞 □倾覆 □坠落 □火灾 □爆炸 □自燃 □外界物体坠落 □倒塌 □雷击 □窃火 □暴雨 □洪水 □地陷 □其他____			
涉及险种	□交强险　□车损险　□商业三者险　□盗抢险　□车上人员责任险　□附加险			
事故责任	□全部　□主要　□同等　□次要　□无责　□单方			
三者信息	晋 A1▮▮6 捷达车	三者交强险承保公司	平安保险	
		联系电话	1335▮▮▮	
伤亡人数	车上人员:伤\人、亡\人	三者人员:伤\人、亡\人		

查勘意见:(事故经过、保险责任认定、事故大致损失情况)

　　上述时间、地点,王▮驾驶标的车不慎与三者车追尾,造成标的车前杠破裂、水箱框架变形、水箱漏水。三者车后杠破裂、后围板变形。

　　交警现场认定标的车驾驶员王▮负此次事故的全部责任,要求其承担两车损失。

　　经现场查勘,标的车顺向行驶,追尾前车。地面刹车痕迹明显,碰撞碎片撒落在地,标的车防冻液遗漏大半,无法正常行驶;经询问标的车驾驶员,该事故是因为驾驶员急上班,慌乱中操作不当追尾前车;三者驾驶员情绪激动,要求尽快赔偿;经查验,双证合格。据此,可以认定此次事故属实,构成保险责任。

　　　　　　　　　　　　　　定损员签字: 李东　李军
　　　　　　　　　　　　　　2013 年 10 月 11 日

事故估损总金额:6000 元,其中,车损险:4000 元。　三者险:2000 元。　其他险种:0 元。

施救方式:拖车施救　施救起止地点:山西省太原市康乐街 至 太原汇众上海大众 4S 店
施救距离:5 公里

施救金额(请列明计算公式):市区内,小型车辆施救,200 元整。

图 5-2　查勘记录表

图 5-3　照片收集

3. 定损评估与报告制作

（1）定损评估。

专业知识运用：定损员必须具备扎实的汽车构造与维修知识，能够准确判断车辆受损部位和程度。同时，还应了解不同品牌和车型的维修特点和成本差异，以制订合理的维修方案。

市场价格调研：在评估维修费用时，定损员应广泛调研当地市场零部件价格、工时费标准等信息，确保定损金额的合理性和市场竞争力。对于特殊配件或稀有车型，应特别查询并确认价格。

综合考虑：在定损过程中，定损员需综合考虑车辆实际损失、保险责任范围、被保险人需求等因素，制订公平、合理的定损方案。对于超出保险范围的损失，必须明确告知被保险人并解释原因。

（2）报告制作。

标准化模板：保险公司应提供标准化的定损报告模板，确保报告格式统一、内容完整。模板中应包含车辆基本信息、事故概况、勘查过程、损失评估、维修建议等栏目。

图文并茂：报告中应插入勘查现场的照片和示意图，以直观展示车辆受损情况和勘查过程。同时，应附上必要的证据资料和参考文献。

审核流程：报告制作完成后，须经过严格的内部审核。审核人员须对报告内容进行仔细审查，确保数据的准确性、逻辑的合理性以及符合保险合同条款和法律法规的要求。

4. 审核与确认

（1）内部审核。

专业审核团队：保险公司应组建由具有丰富经验和专业知识的审核人员组成的团队，对定损报告进行专业审核。审核团队应定期接受培训和考核，以确保其专业能力和审核标准的统一性。

细致审查：审核过程中，应对定损报告中的每一个细节进行细致审查。特别是对于关键数据和结论部分，应进行反复核对和验证。同时，必须关注报告中的逻辑关系和是否合理。

反馈与沟通：审核过程中发现的问题必须及时反馈给定损员。双方应就问题进行深入讨论和分析，制订解决方案并达成共识。对于争议较大的案件，可邀请更高级别的专家或第三方机构进行复审，以确保定损结果的公正性和准确性。

（2）客户确认。

透明沟通：在与被保险人沟通定损结果时，定损员应保持高度的透明度和诚信度。详细解释定损的依据、方法和结果，确保被保险人能够充分理解并接受定损结论。

异议处理机制：针对被保险人提出的异议，保险公司应建立完善的异议处理机制。首先，耐心听取被保险人的意见和诉求；其次，组织专业人员对异议进行复核和评估；最后，根据复核结果与被保险人进行进一步的沟通和协商，直至双方达成共识。

情绪管理：在处理异议过程中，定损员应具备良好的情绪管理能力。面对被保险人的不满或愤怒情绪时，应保持冷静和耐心，以专业和真诚的态度提供服务。

损失确认书如图 5-4 所示。

机动车辆保险损失确认书

被保险人：　　　　　　　　　　　　　　　　共　页 第　页

车牌号码		第事车保单号码			
发动机号		车架号（VIN）			
厂牌车型		出险时间		保险险别	□车损险　□三责险
生产年月		排气量（L）		变速箱形式	□自动　□手动
安全装置	□安全气囊　□ABS 系统　□无安全系统				

更换配件名称	数量	配件价格	修理项目	工时费
			事故拆装：	
			事故钣金：	
			机修：	
			电工：	
			事故油漆：	
1.材料费小计：				
2.材料管理费：				
3.材料费合计：			工时费合计：	

本页未尽之栏目，请见损失确认明细表

1.经甲乙丙三方协商，完全同意按以上核定的价格修理，总机工料费人民币____佰____拾____万____仟____佰____拾____元____角____分（￥　　　　）

2.乙方按以上核定项目保质保量修理，且履行以上核定的修理及换件项目，如有违背，甲方有权向乙方追回价格差额。

3.乙方保证在____日内保质保量按时完成修理；若违约，愿意赔偿因拖延时间而造成丙方的利润损失。

4.丙方对以上核定的修理项目和价格无任何异议。如存在修理质量问题或价格超标，由乙方负全部责任。

5.特别约定：1）本公司查勘受理、损失确认不代表最终的赔付承诺；

2）如果车辆损失不属于保险责任，以上损失确认仅作参考，不具有法律效力。

乙方（修理厂）签章： 年　月　日	丙方（车方）签章： 年　月　日	甲方（保险公司）签章： 勘查定损人： 核价人：　年　月　日

图 5-4　损失确认书

5. 赔付与结案

（1）赔付。

快速赔付流程：为提高客户满意度，保险公司应建立快速赔付流程。在确认定损结果无误且被保险人无异议后，迅速启动赔付程序，通过电子支付、银行转账等方式将赔款直接支付到被保险人指定的账户。

赔付通知与确认：赔付前，保险公司应向被保险人发送赔付通知书，明确赔付金额、赔付方式及赔付时间等信息。赔付后，应及时与被保险人确认赔款是否到账并收集其反馈意见。

核赔

后续关怀：赔付完成后，保险公司可继续与被保险人保持联系，了解其修车进展和满意度情况。对于被保险人在修车过程中遇到的问题或困难，可提供必要的协助和支持。

（2）结案。

案件归档与整理：将案件相关资料（包括报案记录、勘查照片、定损报告、赔付凭证等）进行整理归档。确保资料完整、有序且易于查阅。同时，对案件处理过程中的经验和教训进行总结归纳，为后续工作提供参考。

数据分析与改进：定期对案件数据进行统计和分析，了解赔付趋势、损失分布及事故原因等信息。根据分析结果制订针对性的改进措施和优化方案，提高定损效率和赔付准确性。

客户满意度调查：通过问卷调查、电话回访等方式收集被保险人对定损和赔付工作的反馈信息。根据反馈结果评估工作成效并持续改进服务质量。同时，对客户提出的意见和建议给予高度重视并积极采纳落实。

【案例】

王某车辆碰撞事故理赔案

时间：2024年5月15日下午3时。

地点：某市繁华的主干道，靠近一个繁忙的十字路口。

天气状况：晴朗，微风，能见度良好。

事故经过：

王某驾驶着他的私家车，一辆白色的丰田卡罗拉，在市区主干道上正常行驶。突然，一辆从右侧辅道违规变道的小型货车出现在他的视线中，且速度较快。为了避免与货车发生碰撞，王某紧急刹车并向左打方向盘，但不幸的是，车辆失控并撞上了路边的金属护栏。撞击导致车辆前部严重受损，引擎盖变形，前保险杠脱落，同时护栏也被撞得扭曲变形，部分碎片散落在路面上。

1. 初步处理

（1）报警与联系保险公司。

事故发生后，王某首先确定自己未受伤，随后立即拨打了110报警电话和保险公司的客服电话。他向警方简要描述了事故情况，并等待交警前来处理。同时，他向保险公司提供了自己的保单号、车辆信息及事故大致经过，启动了理赔程序。

（2）交警勘查与责任认定。

交警到达现场后,对事故现场进行了勘查,拍摄了照片,并向王某及货车司机询问了事情经过。经过调查,交警认定货车司机违规变道是导致事故的主要原因,应承担主要责任;而王某在紧急避让过程中操作不当,承担次要责任。交警出具了事故认定书,明确了双方的责任比例。

2. 理赔流程

（1）车辆定损与维修。

保险公司接到报案后,迅速安排查勘员前往事故现场。查勘员对王某的车辆进行了详细勘查,并拍摄了损失照片。随后,查勘员与王某协商,将车辆送至保险公司指定的维修厂进行定损和维修。维修厂根据车辆损失情况制订了详细的维修方案,并报保险公司审核。审核通过后,维修厂开始对车辆进行维修。

（2）护栏修复费用处理。

对于被撞坏的护栏,保险公司与市政部门进行了沟通,并确认了护栏的修复费用。由于王某在事故中承担次要责任,保险公司根据责任比例计算了王某应承担的护栏修复费用,并从王某的保险赔款中扣除相应金额。

（3）提交理赔材料。

在车辆维修期间,王某按照保险公司的要求,准备了相关的理赔材料,包括事故认定书、驾驶证复印件、行驶证复印件、维修发票、维修清单、银行账户信息等。他将这些材料提交给了保险公司,以便进行后续的理赔处理。

（4）理赔款支付。

保险公司收到王某提交的理赔材料后,进行了仔细的审核。确认无误后,保险公司根据保险合同的约定及事故责任比例,计算出了王某应获得的理赔金额,并扣除了护栏修复费用中王某应承担的部分。最终,保险公司将剩余的理赔款支付至王某指定的银行账户。

注意事项:

- 在事故发生后,务必保持冷静,及时报警并联系保险公司。
- 配合交警和保险公司的勘查工作,提供真实、准确的信息。
- 选择合适的维修厂进行车辆维修,并保留维修发票和清单等凭证。
- 仔细核对理赔材料,确保无误后再提交给保险公司。

启示:

- 遵守交通规则,注意行车安全,是避免交通事故发生的关键。
- 购买适当的保险产品,可以在事故发生时减轻经济负担。
- 在理赔过程中,保持与保险公司的良好沟通,有助于加快理赔进度。
- 保留好与事故相关的所有证据材料,以便后续理赔时使用。

第三节　人伤案件处理

学习目标

1. 理解人伤案件的特点与分类,掌握人伤案件在汽车保险事故中的特殊性和复杂性。熟悉人伤案件的主要分类方式,包括按伤害程度、事故类型等分类。

2. 掌握人伤事故现场处理方法,知道如何在人伤事故现场保持冷静,并迅速采取必要的救助措施。理解并遵循事故现场保护、证据收集、伤者安抚等基本原则。

3. 了解伤者救治与赔偿标准,熟悉伤者医疗救治过程的基本流程和注意事项。掌握人身损害赔偿的法律依据和赔偿标准的计算方法,包括医疗费、误工费、护理费、残疾赔偿金等。

4. 熟悉调解与诉讼程序,了解人伤案件处理中调解和诉讼的基本流程、适用条件和优缺点。

5. 掌握在不同情况下选择调解或诉讼的策略和技巧。

6. 了解并识别在处理人伤案件时可能出现的常见误区,如私了、逃逸、过度赔偿等。学习如何避免这些误区,确保案件处理的合法性和公正性。

学习指导

1. 引用实际案例,通过案例分析加深学生对理论知识的理解。

2. 小组讨论:将学生分成小组,每组分配一个典型案例进行讨论。讨论内容包括事故现场处理方法、伤者救治与赔偿标准、调解与诉讼策略等。鼓励学生提出自己的观点和见解,通过讨论促进知识的内化和应用。

3. 设定模拟的交通事故场景,让学生扮演不同的角色(如驾驶员、伤者、交警、保险公司工作人员等)。通过模拟演练,让学生亲身体验事故现场的处理过程,掌握必要的技能和知识。让学生通过扮演不同的角色,深入了解各角色在人伤案件处理中的职责和权利,培养学生的沟通能力和团队协作精神。

4. 在学习结束后,组织学生进行学习总结,撰写学习心得或报告,总结自己在人伤案件处理方面的学习成果和收获。

一、人伤案件的特点与分类

（一）人伤案件的特点

1. 紧急性与及时性

人伤案件发生后，往往伴随着伤者的紧急救治需求，要求处理过程迅速、高效。时间对于伤者的生命安全和后续康复至关重要，因此，迅速响应并采取行动是处理人伤案件的首要原则。

2. 复杂性与多样性

人伤案件中的伤情可能涉及多个方面，包括身体损伤、心理创伤以及可能的后遗症等。此外，伤者的年龄、职业、经济状况等因素也会影响案件的处理方式和赔偿标准，使得人伤案件具有高度的复杂性和多样性。

3. 法律性与专业性

处理人伤案件必须严格遵循相关法律法规，如《中华人民共和国道路交通安全法》《中华人民共和国侵权责任法》《保险法》等。同时，由于案件涉及医学、法律等多个领域的知识，处理人员需要具备较高的专业素养和综合能力。

4. 情感性与社会性

人伤案件往往伴随着伤者及其家属的强烈情感反应，如焦虑、愤怒、悲伤等。同时，案件的处理结果也会对社会产生一定的影响，如引发公众对交通安全、保险理赔等问题的关注和讨论。

（二）人伤案件的分类

根据伤情的严重程度和后果，人伤案件可以分为以下几类。

轻微伤案件：伤者受伤程度较轻，如轻微擦伤、扭伤等，对日常生活和工作影响较小。这类案件通常通过简单的医疗处理和协商赔偿即可解决。

轻伤案件：伤者受伤程度较重，需要一定的治疗和康复时间，如骨折、轻微脑震荡等。这类案件可能涉及更复杂的赔偿问题和法律程序。

重伤案件：伤者受伤程度严重，可能导致永久性伤残或功能障碍，如重度脑损伤、脊髓损伤等。这类案件处理难度大，赔偿金额高，且可能对伤者的生活质量产生长期影响。

死亡案件：事故导致伤者不幸身亡。这类案件最为复杂和敏感，会涉及死亡赔偿金、丧葬费用、精神损害抚慰金等多个方面的赔偿问题，并可能引发家属与事故责任方之间的激烈冲突。

二、人伤事故现场处理

（一）处理原则

紧急制动与停车：在意识到事故即将发生时，驾驶员应立即采取紧急制动措施，确保车辆平稳停下。停车后，切勿立即离开车辆，以免忽视后续的安全措施或遗漏重要信息。

开启警示装置：车辆停稳后，第一时间开启危险报警闪光灯（双闪），以引起其他道路使用者的注意。这有助于减少二次事故的风险。

观察周围环境：在采取进一步行动之前，驾驶员应迅速观察周围环境，确认是否安全。特别注意是否有来车、行人或其他潜在危险源。

（二）保护现场

维护现场秩序：在确认安全后，尽量保持事故现场的原貌，不要随意移动车辆、散落物或破坏痕迹。这有助于后续的事故勘查和责任认定。

设置警示标志：在事故车辆后方一定距离（根据道路类型和能见度调整，通常建议50～100米）处设置三角警示牌或其他明显的警示标志。如果条件允许，还可以使用反光背心或手电筒等物品增加警示效果。

防止二次事故：如果事故发生在交通繁忙的路段，应尝试引导过往车辆减速慢行或绕行，以减少二次事故的风险。同时，也要警惕其他潜在的危险因素，如火灾、爆炸等。

（三）证据收集

拍摄详细照片：使用手机或相机拍摄事故现场的全貌、车辆碰撞部位、车辆受损情况、伤者状况（注意保护隐私）、路面痕迹等。照片应清晰、全面，能够反映事故的真实情况。同时，注意拍摄角度和光线条件，以便后续查看和分析。

记录详细信息：除了拍摄照片外，还应记录对方车辆的车牌号、车型、颜色、品牌等基本信息；对方驾驶员的姓名、联系方式、驾驶证号码等身份信息；以及事故发生的时间、地点、天气状况等基本情况。这些信息对于后续的事故处理至关重要。

收集目击者证言：如果有目击者在场，应主动上前询问并记录其姓名、联系方式和证言内容。目击者的证言对于还原事故经过和认定责任具有重要作用。

（四）报警与通知

及时报警：在确认事故情况和安全状况后，应立即拨打110或122报警电话，向警方说明事故情况、地点和人员伤亡情况等信息。警方会及时出警并勘查现场。

通知保险公司：拨打保险公司客服电话报案，并按照保险公司的要求提供相关信息和照片。保险公司将派出查勘员前往现场进行查勘和定损工作。

医疗救援：如有人员受伤，应立即拨打120急救电话请求医疗救援。在等待救援过程中，可以进行简单的急救处理以稳定伤者病情。

（五）注意事项

保持冷静：在事故现场处理过程中，保持冷静和理智至关重要。不要惊慌失措或情绪化地做出决定或行动。

避免争执：与对方驾驶员或乘客交流时，保持礼貌和冷静，避免发生争执或冲突。争执不仅无助于解决问题，还可能加剧矛盾或影响事故处理。

配合调查：在警方或保险公司到达现场后，应如实陈述事故经过和情况，并积极配合调查取证工作。提供虚假信息或隐瞒事实将承担法律责任。

记录过程：如果条件允许，可以使用录音或录像设备记录整个事故处理过程。这有助于保留证据并防止后续纠纷的发生。

【案例】

张某与李某机动车交通事故责任纠纷案

一、案情概述

事故时间：2024年5月15日下午3时。

事故地点：某市繁华商业区附近的交叉路口。

天气状况：晴朗，微风，能见度良好。

事故车辆：张某驾驶一辆白色丰田轿车，车牌号为×××123；李某骑乘一辆蓝色电动自行车，未佩戴安全头盔。

事故经过：张某在通过交叉路口时，前方车辆突然变道，导致他紧急刹车后未能保持足够的安全距离，不慎追尾了正在等待红灯的李某的电动自行车。李某因惯性作用被甩出车外，头部着地受伤。

二、事故责任认定

交警部门调查：调取了路口的监控视频，确认了事故发生的全过程。对双方驾驶员进行了酒精测试，均排除酒驾嫌疑。通过询问目击者，进一步确认了事故细节。

责任认定：交警部门综合调查结果，认定张某因未保持安全车距承担事故的主要责任（70%）；李某因骑乘电动自行车时未按规定佩戴安全头盔且未完全停靠在非机动车道内，承担次要责任（30%）。

三、人伤处理流程

紧急救援：张某立即下车查看李某伤势，并拨打120急救电话。在等待救护车期间，张某尝试用干净的衣物为李某止血，并安抚其情绪。

报案与通知：张某拨打保险公司客服电话报案，并简要说明事故情况。保险公司立即启动应急预案，通知查勘人员前往现场。张某也拨打了交警电话，报告了事故并等待交警到场处理。

现场处理：交警和保险公司查勘人员到达现场后，对事故现场进行了详细勘查、拍照和取证。交警绘制了事故现场图，记录了双方车辆的碰撞位置、受损情况等。保险公司查勘人员收集了双方驾驶证、行驶证、保险单等相关证件的复印件。

医疗救治：李某被送往市中心医院急诊科进行救治。医生诊断为颅骨骨折、脑震荡及多处擦伤。张某陪同李某就医，并垫付了初步的医疗费用。医生为李某开具了诊断证明、住院证明、费用清单等医疗文件。

康复与鉴定：李某经过一段时间的住院治疗和康复锻炼后出院，但仍需要定期复查和后续治疗。保险公司建议李某进行伤残等级鉴定，以便确定后续赔偿金额。李某委托专业鉴定机构进行了伤残等级鉴定，鉴定结果为十级伤残。

索赔申请与协商：李某根据鉴定结果和医疗费用清单等证据材料，向张某及保险公司提出了索赔申请。保险公司收到索赔申请后进行了审核，并与李某及其律师就赔偿金额进行了多轮协商。协商过程中,保险公司依据保险合同条款、相关法律法规及伤残等级鉴定结果等因素综合计算了赔偿金额。

理赔结案:双方最终就赔偿金额达成一致意见并签订了赔偿协议。保险公司将理赔款项直接支付至李某指定的银行账户中。案件至此结案,双方均表示对处理结果满意并签署了结案确认书。

四、案例分析

安全驾驶意识的重要性:本案再次体现了驾驶员在行驶过程中时刻保持警惕、遵守交通规则、保持安全车距的重要性。

保险保障的作用:本案展示了汽车保险在交通事故中对于保障受害人权益、减轻肇事者经济负担的重要作用。同时,也提醒了广大车主应及时投保并了解保险条款及理赔流程。

法律意识的提升:本案涉及的法律知识包括交通法规、侵权责任法、保险法等多个方面。了解此案的处理过程,可以增强公众的法律意识和对自身权益的保护意识。

人道主义精神的体现:张某在事故发生后能够积极采取措施救治伤者并垫付医疗费用,体现了人道主义精神和社会责任感。这也为其他驾驶员树立了良好的榜样。

三、伤者救治与赔偿标准

(一)伤者救治

紧急救治:事故发生后,应立即拨打急救电话,将伤者送往就近的医疗机构进行紧急救治。医疗机构应根据伤者的伤情制订治疗方案,确保伤者得到及时有效的治疗。

后续治疗与康复:根据伤者的恢复情况,医疗机构将制订后续治疗和康复计划,这可能包括手术、药物治疗、物理治疗、心理治疗等多个方面。在治疗和康复过程中,应密切关注伤者的病情变化,及时调整治疗方案。

(二)赔偿标准

医疗费用:包括伤者因治疗产生的所有费用,如检查费、手术费、住院费、药品费等。赔偿时应根据医疗机构提供的费用清单和发票进行核算。

误工费:伤者因治疗而无法工作导致的收入损失。赔偿时应根据伤者的实际工资水平和误工时间进行计算。如果伤者无法提供工资证明,可以参照当地平均工资水平进行估算。

护理费:伤者因生活不能自理而需要他人照顾产生的费用。赔偿时应根据护理人员的工资水平或当地护工标准进行计算。如果伤者需要长期护理,还应考虑护理期限和护理等级等因素。

残疾赔偿金:如果伤者因事故导致残疾,应根据伤残等级和当地赔偿标准计算残疾赔偿金。赔偿金额应考虑伤者的年龄、职业、伤残程度以及可能对未来生活和工作的影响等因素。

死亡赔偿金与丧葬费用:如果事故导致伤者死亡,应向家属支付死亡赔偿金并承担丧葬费用。赔偿金额应根据当地赔偿标准和家属的实际损失进行计算。

精神损害抚慰金：根据伤者的伤情和事故对其精神造成的损害程度，可适当给予精神损害抚慰金。赔偿金额应根据实际情况酌定。

四、调解与诉讼程序

（一）调解程序

申请调解：事故双方或其中一方可向保险公司、交警部门或具有调解职能的人民调解委员会提出书面调解申请。申请时应提供事故认定书、伤者医疗证明、身份证明等相关材料。

受理与通知：调解机构收到申请后，将审核申请材料的完整性和真实性，并在规定时间内决定是否受理。一旦受理，将通知事故双方参加调解，并告知调解的时间、地点和调解员信息。

调解准备：调解前，调解员将组织双方进行调解前的准备工作，包括收集证据、明确诉求等。同时，调解员还会对案件进行初步分析，了解双方的分歧点和争议焦点。

调解过程：在调解员的主持下，双方将进行面对面的协商讨论。调解员将引导双方就赔偿金额、赔偿方式等具体问题进行协商，并提出调解意见和建议。在调解过程中，调解员会秉持公正、中立的原则，努力促进双方达成和解。

情绪管理：调解过程中，双方可能会因为对事故责任、赔偿金额等问题的分歧而产生情绪波动。调解员需要具备良好的情绪管理能力，能够耐心倾听双方的意见和诉求，适时进行心理疏导，帮助双方保持冷静和理性，以便更好地进行协商。

事实澄清：调解员会基于双方提供的证据和陈述，对事故的事实进行进一步澄清。这包括确认事故发生的时间、地点、原因，以及伤者的具体伤情和治疗情况。通过事实澄清，双方能够更清晰地了解案件的真实情况，为后续的协商奠定基础。

法律解释：调解员会向双方解释相关的法律法规和赔偿标准，帮助双方了解自己在法律上的权利和义务。这有助于双方更加理性地评估自己的诉求和对方的责任，从而更容易达成和解。

协商谈判：在调解员的引导下，双方将围绕赔偿金额、赔偿方式、支付时间等具体问题进行深入的协商谈判。调解员会运用自己的专业知识和调解技巧，协助找到双方都能接受的解决方案。在协商过程中，调解员会鼓励双方保持开放和包容的态度，寻求双赢的结果。

达成协议：如果双方能够在调解员的协助下达成和解协议，调解员将协助双方签订调解协议书。协议书将详细记录双方的协商结果和达成的共识，并明确双方的权利和义务。调解员会确保协议书的合法性和有效性，以便在后续的执行过程中得到法律保障。

（二）诉讼程序

如果调解不成或一方不履行调解协议，另一方可以选择通过诉讼程序解决纠纷。以下是诉讼程序的基本流程。

起诉：原告需要向有管辖权的人民法院提交起诉状和相关证据材料。起诉状应明确列出被告的姓名和住址、诉讼请求、事实和理由等关键信息。法院将对起诉状进行审查，如果符合立案条件，将正式立案并通知被告。

应诉与答辩：被告在收到法院送达的起诉状副本后，应在规定时间内提交答辩状。答辩状中,被告可以针对原告的诉讼请求以及事实和理由进行反驳和辩解,并提出自己的主张和证据。

证据交换与举证:在诉讼过程中,双方将进行证据交换和举证。法院将组织双方对证据进行质证和辩论,以便查清案件事实。双方应充分展示自己的证据,并对对方的证据进行质证和反驳。

开庭审理:法院将择期开庭审理案件。在庭审过程中,双方将围绕诉讼请求、事实理由和证据进行充分的陈述和辩论。法官将听取双方的意见和诉求,并依法做出判决或裁定。

判决与执行:如果法院认为原告的诉讼请求成立,将依法作出判决,要求被告承担相应的赔偿责任。判决生效后,如果被告不履行判决义务,原告可以向法院申请强制执行。法院将依法采取强制措施,确保判决得到执行。

需要注意的是,诉讼程序相对复杂且耗时较长,且结果具有一定的不确定性。因此,在处理人伤案件时,应优先考虑通过调解等非诉讼方式解决纠纷,以节省时间和成本,并减少双方之间的冲突和矛盾。

五、汽车事故中人伤案件处理的常见误区

在处理汽车事故中涉及人伤的案件时,由于法律程序的复杂性、医疗救治的紧迫性以及赔偿标准的多样性,人们往往容易陷入一系列误区。以下是对这些常见误区的详细剖析。

(一)救治与赔偿标准方面的误区

1. 过度检查与治疗

面对交通事故等突发状况,伤者及其家属可能出于担忧和不安,要求进行全面而细致的医疗检查,包括一些在医学评估中可能并不必要的项目。这种做法不仅增加了医疗费用,还可能给伤者带来不必要的身体负担和心理压力。

专业咨询:在事故发生后,应立即联系专业医疗机构进行初步评估,并遵循医生的建议进行必要的检查和治疗。避免盲目要求全面检查,以减少不必要的费用和风险。

合理索赔:在赔偿过程中,应依据实际发生的医疗费用进行索赔,避免虚报或夸大损失。同时,保留所有医疗记录和费用票据,以便后续处理。

2. 赔偿标准过高

部分伤者或其家属可能因对法律法规的不了解或期望过高,而提出远超实际损失的赔偿要求。这不仅增加了调解或诉讼的难度,也可能导致双方关系进一步恶化。

了解标准:在处理人伤案件前,应主动了解相关法律法规和赔偿标准,确保自己的诉求合理合法。

理性协商:在调解过程中应保持理性态度,充分表达自己的诉求和意见,同时也应尊重对方的立场和权益。通过协商达成双方都能接受的解决方案。

(二)责任认定与调解方面的误区

1. 责任认定不清

一些当事人可能认为交通事故认定书就是责任划分的最终结果,不愿接受或质疑事故认定结论。这种做法可能导致后续处理过程中的被动和不利局面。

了解程序：交通事故认定书是公安机关交通管理部门根据现场勘查、调查取证等情况做出的初步责任认定。当事人如有异议，可在规定时间内申请复核或向法院提起诉讼。

积极应对：在收到交通事故认定书后，应认真阅读并分析其内容。如有异议，应及时收集相关证据并申请复核或提起诉讼。同时，应注意保留好相关证据材料以备后用。

2. 调解即吃亏

部分当事人可能认为参与调解就意味着要妥协和让步，担心自己的权益受损。这种心理往往导致他们排斥调解方式而选择直接诉讼。

认识调解：调解是一种快速、便捷且成本较低的纠纷解决方式。通过调解可以达成双方都能接受的解决方案，从而避免诉讼带来的时间、金钱和精力上的消耗。

积极参与：在调解过程中应积极参与并充分表达自己的诉求和意见。同时要注意倾听对方的诉求和意见，并寻求双方都能接受的解决方案。

（三）法律程序方面的误区

1. 诉讼万能论

一些当事人可能认为只有通过诉讼才能解决交通事故纠纷而忽视了其他解决途径（如调解等）。这种观念可能导致他们在处理纠纷时采取过于激进或不必要的手段。

多元解决：交通事故纠纷的解决方式多种多样，包括调解、仲裁和诉讼等。当事人应根据案件的具体情况和自身需求选择合适的解决方式。

诉讼风险：诉讼虽然是一种有效的纠纷解决方式，但也存在成本高、时间长、结果不确定等一些不利因素。当事人在选择诉讼前应充分考虑这些因素并做出明智的决策。

2. 法律程序不重要

部分当事人可能觉得法律程序不重要，不去主动了解相关法律程序，从而在处理交通事故纠纷时处于被动地位，甚至导致自己的权益受损。

学习法律：在处理交通事故纠纷前，当事人应主动学习相关法律法规和诉讼程序，以便更好地了解自己的权利和义务以及如何维护自己的合法权益。

寻求帮助：如果当事人对法律程序不熟悉或存在疑问，可以寻求专业律师或法律机构的帮助，以获得专业的指导和建议。

（四）其他常见误区及指导

1. 忽视证据收集

在事故发生后，一些当事人可能因紧张或疏忽而忽视了证据收集工作，导致后续处理过程中证据不足而难以维护自己的权益。

及时收集：在事故发生后，当事人应立即开始收集相关证据，如现场照片、医疗记录、证人证言等。这些证据对于后续的责任认定和赔偿处理至关重要。

妥善保管：应妥善保管收集到的证据并避免遗失或损坏。同时也要注意保护个人隐私和信息安全，避免泄露敏感信息。

2. 盲目信任"黄牛"

部分当事人在遭遇交通事故后，由于信息不对称、急于解决纠纷或是对法律程序不熟悉,可能会轻信所谓的"黄牛"或非法中介的承诺。这些"黄牛"往往以快速解决纠纷、高额赔偿为诱饵,但实际上可能通过不正当手段谋取利益,甚至损害当事人的合法权益。

警惕陷阱:当事人应保持警惕,不要轻易相信"黄牛"或非法中介的承诺。在处理交通事故纠纷时,应首选正规的法律途径和合法机构,如律师事务所、法律援助中心等。

自主判断:在寻求帮助时,当事人应自主判断对方的资质和信誉。可以要求对方提供相关证件和资质证明,并通过官方渠道进行核实。

法律教育:加强法律教育,提高公众的法律意识和自我保护能力。通过普及法律知识,让当事人了解如何正确处理交通事故纠纷,避免落入"黄牛"的陷阱。

练习题

一、选择题

1. 汽车保险按照保险责任分类,不包括以下哪一项?(　　)
A. 交强险　　　　　　　　　　　　B. 商业三者险
C. 车身划痕险　　　　　　　　　　D. 驾驶员意外险

2. 下列哪项是法定强制保险?(　　)
A. 车辆损失险　　　　　　　　　　B. 机动车交通事故责任强制保险
C. 盗抢险　　　　　　　　　　　　D. 玻璃单独破碎险

3. 在汽车保险中,承保车辆因意外事故造成第三方财产损失或人身伤亡的险种是(　　)。
A. 交强险　　　　　　　　　　　　B. 车辆损失险
C. 车上人员责任险　　　　　　　　D. 自燃损失险

4. 保险公司核定车辆保险金额时,常依据的是(　　)。
A. 车辆的市场价格　　　　　　　　B. 车辆的购买价格
C. 车辆的实际价值　　　　　　　　D. 车辆的出厂价格

5. 关于汽车保险投保流程,下列哪项描述不正确?(　　)
A. 选择保险公司和保险产品　　　　B. 填写投保单并缴纳保费
C. 保险公司直接出具保单,无须审核　D. 签订保险合同

6. 下列哪项是汽车保险承保过程的核心环节?(　　)
A. 核保　　　　B. 报案　　　　C. 理赔　　　　D. 投诉处理

7. 保险公司在进行核保时,主要考虑的因素不包括(　　)。
A. 车辆的品牌与型号　　　　　　　B. 驾驶员的年龄与驾龄
C. 车辆的保养状况　　　　　　　　D. 投保人的婚姻状况

8. 下列哪项不属于汽车保险免责条款的常见内容?(　　)
A. 故意造成事故的行为　　　　　　B. 酒后驾驶
C. 车辆自然磨损　　　　　　　　　D. 第三方责任导致的损失

9. 保险合同中的"免赔额"是指(　　)。
A. 保险公司不承担任何损失的部分　　B. 投保人需自行承担的一定损失金额

C.保险公司全额赔付的金额 D.保险公司与投保人共同承担损失的金额

10. 以下哪项是汽车保险投保时必须提供的资料?（　）

A.驾驶证复印件　B.房屋产权证　　　C.结婚证　　　　　D.学历证明

11. 以下哪项不是汽车保险中常见的附加险种?（　）

A.车上货物责任险　　　　　　　B.车身划痕损失险

C.交强险　　　　　　　　　　　D.盗抢险

12. 保险公司对车辆进行定损时,主要依据的是(　　)。

A.车主的口头描述　　　　　　　B.车辆的市场价格

C.专业的定损标准和流程　　　　D.车主提供的维修发票

13. 在汽车保险中,如果车辆发生全损,保险公司通常按照(　　)进行赔付。

A.车辆的购买价格　　　　　　　B.车辆的市场价值

C.车辆的实际价值　　　　　　　D.车主自行估价的金额

14. 下列哪项行为可能导致保险公司拒绝汽车保险的理赔申请?（　）

A.按时缴纳保费　　　　　　　　B.故意制造事故

C.立即报案并配合调查　　　　　D.提供真实的理赔材料

15. 关于汽车保险的续保,以下说法错误的是(　　)。

A.续保可以享受一定的优惠

B.续保前需要重新进行核保

C.续保的保险金额必须与原保单相同

D.续保时应检查保险条款是否有变动

16. 汽车保险中的"指定修理厂险"主要解决什么问题?（　）

A.保险公司指定修理厂进行维修

B.车主可以自由选择修理厂并获得全额赔付

C.保险公司对修理厂的维修质量负责

D.车主在特定修理厂维修时可享受折扣

17. 交强险的保险责任中,不包括以下哪一项?（　）

A.被保险机动车发生道路交通事故造成本车人员、被保险人以外的受害人人身伤亡

B.被保险机动车发生道路交通事故造成本车人员、被保险人以外的受害人财产损失

C.被保险机动车被盗抢

D.被保险人依法应当承担的损害赔偿责任

18. 以下哪项是汽车保险中"代为求偿"的主要应用场景?（　）

A.车主自己造成的车辆损失

B.第三方责任导致车辆损失,但第三方无保险或逃逸

C.车辆自然磨损

D.交强险赔付范围内的损失

19. 在汽车保险中,如果车辆连续几年未出险,保险公司通常会给予什么优惠?（　）

A.降低保险金额　　　　　　　　B.提高保险金额

C.无保费优惠　　　　　　　　　D.无赔款优待(保费折扣)

20. （多选)保险公司在进行汽车保险核保时,通常会考虑哪些因素来评估风险?（　）

A. 车辆的品牌和型号　　　　　B. 驾驶员的年龄和驾龄
C. 车辆的行驶里程　　　　　　D. 车主的信用记录

二、问答题

1. 简述汽车保险投保的基本流程。
2. 解释"交强险"与"商业三者险"的主要区别。
3. 在汽车保险中，核保的主要目的是什么？
4. 列举三种常见的汽车保险附加险种，并简述其作用。
5. 简述汽车保险理赔的一般流程。

三、填空题

1. 汽车保险按照性质可分为交强险和_____。
2. 保险公司核定保险金额时，主要依据车辆的_____价值。
3. 在汽车保险中，_____是保险公司对投保人提出的保险申请进行审核的过程。
4. 交强险的赔偿限额分为_____赔偿限额和财产损失赔偿限额。
5. 投保人在购买汽车保险时，应如实填写_____单，并提供相关证明文件。
6. _____是保险合同中规定的，发生保险事故时，投保人需自行承担的一部分损失金额。
7. 汽车保险中的_____险主要保障车辆因自然灾害或意外事故造成的直接损失。
8. 保险公司在理赔过程中，会对事故现场进行_____查勘，以确定事故原因和损失程度。
9. 投保人未按照保险合同约定履行_____义务的，保险公司有权拒绝赔偿。
10. 保险公司进行核保时，会综合考虑车辆状况、驾驶员资质及_____等因素。

四、材料题

材料一：

某车主在为自己的新车投保时，选择了交强险、车辆损失险、三者险。不久后，车辆在一次暴雨中受损，且因紧急避让行人而撞上了路边的护栏，造成车辆和护栏的损坏。

问题：

1. 此次事故中，哪些险种可能涉及赔付？
2. 若该车主购买了不计免赔险，对其理赔有何影响？

材料二：

张先生欲为其新车投保，但在填写投保单时，故意隐瞒了自己曾有多次交通违规记录的事实。数月后，张先生因酒驾发生事故，向保险公司申请理赔。

问题：

1. 张先生的行为违反了保险合同的哪项原则？
2. 保险公司是否有可能拒绝张先生的理赔申请？为什么？

第五章练习题答案

第六章　汽车保险理赔实务

第一节　理赔流程概述

学习目标

1. 理解理赔基本原则,掌握这些原则在实际理赔中的应用。
2. 掌握报案登记与立案流程,了解如何高效地进行报案,以及立案后案件的基本管理流程。
3. 熟悉审核理赔材料所需的关键要素,理解责任认定的基本标准和程序,提升对理赔案件的处理能力。

学习指导

1. 通过小组讨论或案例分析,深入探讨理赔基本原则如何在具体的理赔案例中发挥作用,加深对原则的理解。思考这些原则在理赔工作中的重要性。
2. 模拟报案登记过程,熟悉报案操作流程,学习报案后的初步处理和立案的标准流程,包括信息录入、案件分类、初步审核等环节。

3. 详细了解并整理不同类型的理赔案件所需的审核材料清单,分析实际案例中的责任认定书,理解责任认定的标准和程序,学习如何撰写清晰、准确的责任认定报告。

4. 通过角色扮演或模拟演练,了解审核材料和责任认定的过程,加深对理赔案件处理流程的熟悉程度。

5. 结合案例,将理赔基本原则、报案登记与立案、审核材料与责任认定等知识点进行综合应用。

一、理赔基本原则

理赔基本原则是保险公司处理保险事故时遵循的基本准则,它确保了理赔过程的公正性、合法性和效率性。

(一)最大诚信原则

保险合同双方(投保人与保险人)在订立及履行合同时,均应保持最大的诚意,不隐瞒重要事实,信守合同承诺。投保人在投保时应如实告知被保险人的真实情况,包括车辆状况、驾驶员信息等。

保险公司在理赔时也应遵循诚信原则,不得无故拖延或拒绝赔付。

近因原则案例

(二)近因原则

在判断保险事故是否属于保险责任时,以造成损失最直接、最有效、起决定性作用的原因作为理赔依据。

(三)损失补偿原则

被保险人因保险事故遭受损失时,保险人应在保险责任范围内予以赔偿,但赔偿金额不得超过被保险人的实际损失。赔偿金额应公平合理、合法合情,并征得被保险人的同意。

损失补偿原则案例

(四)保险利益原则

要求投保人对保险标的具有法律上承认的、确定的经济利益,以防止赌博行为和道德风险。

【案例】

案例一:某车主购买了车辆损失险,后因未按时年检导致车辆自燃,保险公司依据"损失补偿原则"及保险合同条款,拒绝赔付,因未年检违反了最大诚信原则。

案例二:车辆因暴雨导致涉水熄火,后车主尝试二次启动造成发动机损坏。在此情况下,暴雨是发动机损坏的近因,但二次启动行为可能影响保险公司的赔付决定。

二、报案登记与立案

立案

(一)报案渠道

报案渠道通常包括电话报案、线上平台报案、现场报案等方式。保险公司设有 24 小时客服热线,方便客户随时报案。

(二)所需信息

报案时应提供被保险人信息、保单号、事故时间地点、损失情况概述、是否有人员伤亡等基本信息。对于交通事故,还需提供交警事故认定书(如已出具)。

(三)立案程序

保险公司收到报案后,会进行初步审核,确认事故真实性及是否属于保险责任范围。符合立案条件的,立即启动理赔程序,分配理赔专员负责跟进。不符合立案条件的,向报案人说明原因,必要时出具书面通知。立案程序如图 6-1 所示。

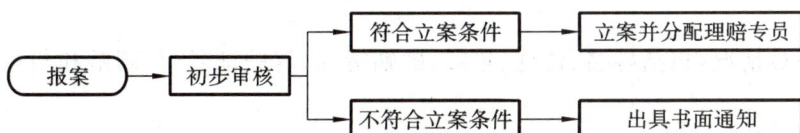

图 6-1 立案程序

报案时要注意以下方面。

报案的及时性:事故发生后应立即报案,以便保险公司及时介入,降低损失扩大风险。

报案信息的准确性:准确描述事故经过,包括事故时间、地点、车辆行驶方向、对方车辆信息等,以便保险公司快速定位事故并展开调查。

三、审核材料与责任认定

(1)审核材料清单:包括但不限于被保险人身份证明、保单、事故证明(如交警事故认定书)、损失证明(如维修发票、定损单)、银行账户信息等。

(2)审核内容。

资料完整性审核:检查所提交材料是否齐全,有无遗漏。

真实性验证:通过比对官方记录、现场勘查、第三方机构鉴定等方式,验证材料的真实性。

(3)责任认定:基于近因原则,结合事故调查报告、法律法规,明确事故责任归属。对于多方责任事故,需准确划分各责任方应承担的比例。

审核流程如表 6-1 所示。

表 6-1 审核流程

审核环节	描述	所需材料	注意事项
完整性审核	检查材料是否齐全、无遗漏	保单、事故认定书等	注意核对清单,避免遗漏关键材料

审核环节	描述	所需材料	注意事项
真实性验证	通过官方渠道验证材料的真实性	交警系统查询记录等	严格核对信息,必要时进行实地调查
责任认定	根据近因原则和法律法规划分责任	事故调查报告、法规依据	综合分析,确保责任划分公正合理
争议处理	对责任认定结果有异议时,提供申诉或调解途径	申诉书、证据材料等	保持沟通,依法维护自身权益

四、汽车保险索赔申请书

一般情况下,汽车保险索赔申请书应包括如下内容。

(1)保险单证号码。

(2)被保险人名称、地址及电话号码。

(3)保险车辆的种类及厂牌型号、生产日期、第一次申领牌照日期、牌照号码、发动机号码等。

(4)驾驶员情况,包括姓名、住址、年龄、婚姻情况、驾驶证号码、驾龄和与被保险人的关系等。

(5)出险时间、地点。

(6)出险原因及经过,包括事故形态,如正面碰撞、侧面碰撞、追尾碰撞、倾覆、火灾、失窃;事故原因,如超速、逆向行车、倒车不当等;发生事故前车辆的动态,如行驶方向、行驶速度、超车、转弯等;撞击部位,如车头、车中、车尾等。

(7)涉及的第三者情况,包括其姓名、住址、电话号码以及第三者车辆损失情况(车牌号码、保险单号码、受损情形及承修场所)或其他财产损失情况;涉及第三者伤害的,包括伤亡者姓名、性别、受伤情形和所救治的医院名称、地址等。

(8)处理事故的交通管理部门名称、经办人姓名及电话号码等。

(9)被保险人签章与日期。

要特别强调的是,被保险人自保险车辆修复或事故处理结案之日起,3个月内不向保险公司提出索赔申请,即视为自动放弃权益。

五、汽车保险索赔遭拒的常见情形

(1)被保险人的欺诈行为。

事故发生后,被保险人或其允许的驾驶人故意破坏、伪造现场,以及毁灭证据等行为。

(2)肇事逃逸。

事故发生后,在未依法采取措施的情况下,驾驶员有驾驶被保险机动车或者遗弃被保险机动车而离开事故现场的行为。

(3)车辆未按期年检。

保险合同只对年检合格车辆生效。对于未按期年检的机动车,保险公司视为不合格。

(4)驾驶证与驾驶车辆车型不符。

驾驶证与驾驶车辆车型不符被视为无效驾驶证。

（5）车辆在营业性修理厂出险。

因为营业性修理厂对车辆负有保管责任，在保管期间，因保管人员管理不善造成车辆损毁、丢失的，修理厂应承担相应责任，所以保险公司可以拒赔。

（6）驾驶员饮酒、吸毒、被药物麻醉后驾车出险。

因为驾驶员在饮酒、吸毒、被药物麻醉后的状态下开车，应急反应能力会降低，增加了事故发生的概率，且属于违法行为，所以保险公司可以拒赔。

（7）在三者险责任范围内赔偿时，本车车上人员受伤。

根据机动车第三者责任险关于第三者的定义，第三者是指因被保险机动车发生意外事故遭受人身伤亡或者财产损失的人，但不包括被保险机动车本车车上人员、被保险人。

（8）非被保险人允许的驾驶员使用被保险车辆肇事。

保险条款规定，驾驶人员使用保险车辆必须征得被保险人的同意，否则造成车辆损失及第三者损害的，保险公司可以拒赔。

（9）利用车辆从事违法活动。

因为利用车辆从事违法活动，不利于社会安定，不符合保险稳定社会生产和社会生活的宗旨，所以保险公司可以拒赔。

（10）保单上重要内容发生变化而未办理批改手续。

车辆过户或改变使用性质时，要到保险公司办理保单批改手续，保险公司会出具批单，记载变更的内容，作为保单的补充部分。《中华人民共和国保险法》规定，因转让导致保险标的的危险程度显著增加而发生的保险事故，保险人不承担赔偿保险金的责任。

【案例】

张某驾车与李某车辆发生碰撞，交警认定张某负全责。张某向保险公司报案并提交理赔材料。保险公司经审核发现，张某车辆虽购买了全险，但事发时车辆未年检，根据保险条款，保险公司对车辆损失部分免赔，仅承担第三者责任险范围内的赔偿责任。

第二节　赔款计算与支付

学习目标

1. 理解赔款计算公式与依据，掌握汽车保险中各类险种的赔款计算公式。了解赔款计算所依据的法律法规、保险条款及行业标准。

2. 熟悉赔款支付方式与时间，了解保险公司常用的赔款支付方式及其适用场景。

3. 明确赔款支付的时间要求，包括保险公司的处理时效和相关法律法规的规定。

4. 理解赔款后追偿与代位求偿，掌握赔款后保险公司进行追偿的流程和条件。理解代位求偿权的含义、行使条件及在实际操作中的应用。

学习指导

1. 学习《机动车交通事故责任强制保险条例》《中华人民共和国保险法》等法律法规中关于赔款计算的规定。

2. 分析具体案例,理解赔款计算公式在实际中的应用。注意区分不同险种、不同责任比例下的赔款计算差异。

3. 查阅保险公司官网或相关文件,了解保险公司常用的赔款支付方式及操作流程。理解不同支付方式对车主的影响。

4. 学习相关法律法规对保险公司赔款支付时间的要求。了解保险公司内部处理理赔申请和支付赔款的流程及时效。

5. 阅读教材或相关法律条文,掌握追偿和代位求偿的概念、法律依据及操作流程。区分追偿和代位求偿在适用对象、目的和方式上的不同。

6. 分析具体案例,了解追偿和代位求偿在实际操作中的应用场景和效果。注意总结追偿和代位求偿过程中可能遇到的问题及解决方案。

7. 将赔款计算、支付及追偿与代位求偿等知识点综合运用到实际案例中。尝试解决复杂的理赔问题,提升综合分析和解决问题的能力。

一、赔款计算公式与依据

赔款理算

(一)赔款计算的基本原则

实际损失原则:赔款金额应基于实际发生的损失进行计算,确保被保险人得到合理的补偿。

保险金额限制原则:赔款金额不得超过保险合同约定的保险金额,以防止过度赔偿。

免赔额与赔付比例:考虑保险合同中的免赔额和赔付比例条款,确保赔款的公正性和合理性。

(二)赔款计算公式

基本公式:赔款=实际损失×(1-免赔率)-免赔额。

这个公式适用于大多数保险事故的赔款计算。

特定损失公式:赔款=保险金额-车辆残值。

这个公式用于计算车辆全损时的赔款金额。

1. 全部损失

当保险金额等于或低于出险时的实际价值时,赔款=保险金额-残值×(1-免赔率)。

当保险金额高于出险时的实际价值时,赔款=实际价值-残值×(1-免赔率)。

2. 部分损失

当保险金额达到出险时的保险价值时,赔款＝实际修复费用－残值×(1－免赔率)。

当保险金额低于保险价值时,赔款＝(实际修复费用－残值)×(保险金额÷保险价值)×(1－免赔率)。

3. 第三者责任保险理赔公式

$$赔款＝应负赔偿金额×(1－免赔率)$$

当被保险人应负赔偿金额超过赔偿限额时,赔款＝赔偿限额×(1－免赔率)。

当被保险人应负赔偿金额低于赔偿限额时,赔款＝应负赔偿金额×(1－免赔率)。

4. 注意事项

免赔额与免赔率:在计算赔款时,需要注意保险合同中是否约定了免赔额和免赔率,并按照约定进行相应的扣除。

残值处理:对于可回收的残值部分,保险公司通常会进行回收或要求被保险人自行处理,并在赔款中扣除相应的残值金额。

(三)赔款计算的依据

保险合同:明确保险金额、免赔额、赔付比例等关键条款,是赔款计算的重要依据。

事故认定书:由交警或保险公司出具,确定事故责任和损失情况,是赔款计算的关键证据。

维修发票与清单:证明实际维修费用,是计算车辆损失赔款的重要依据。

其他相关证据:如医疗发票、收入证明等,用于计算人身伤害赔偿或其他相关损失的赔款金额。

【案例】

张先生的车辆发生碰撞事故,维修费用为 10 000 元。保险合同中约定免赔率为10％,免赔额为 500 元。赔款计算示例见表6-2。

表 6-2　赔款计算示例

赔款计算要素	描述	示例
实际损失	事故导致的直接经济损失	维修费用 10 000 元
免赔率	保险合同中约定的不赔比例	10％
免赔额	保险合同中约定的不赔金额	500 元
赔款计算公式	赔款＝实际损失×(1－免赔率)－免赔额	赔款＝[10 000×(1－10％)－500]元
赔款金额	根据公式计算得出的赔款金额	8500 元

二、赔款支付方式与时间

（一）赔款支付方式

现金支付：直接支付现金给被保险人，适用于小额赔款或紧急情况。

银行转账：将赔款转入被保险人指定的银行账户，是常见的支付方式。

支票支付：出具支票给被保险人或其指定的收款人，适用于需要纸质凭证的情况。

（二）赔款支付时间

核定后支付：保险公司在核定赔款金额后，通常会在约定的时间内支付赔款，具体时间根据保险合同确定。

分期支付：对于大额赔款，保险公司可能与被保险人协商分期支付，以减轻经济压力。

法定支付期限：根据《中华人民共和国保险法》规定，保险人应在与被保险人或受益人达成赔偿协议后十日内支付赔款。

【案例】

李女士的车辆被盗，保险公司核定赔款为 50 000 元。双方约定以银行转账方式支付，保险公司在达成赔偿协议后的第五个工作日将赔款转入李女士的银行账户。

（三）理赔

1. 理赔时效与通知义务

（1）理赔时效。

被保险人或受益人在保险事故发生后应及时向保险公司报案并申请理赔。这是保险合同约定的基本义务，也是确保理赔顺利进行的前提。不同的保险公司和不同险种可能对报案和申请理赔的时间有具体规定，如 24 小时、48 小时或 7 天内报案。如果超过了规定的时效，保险公司可能会拒绝受理理赔申请，导致被保险人或受益人无法获得应有的赔偿。

保险公司在收到理赔申请后，也需要在约定的时间内完成理赔审核和赔款支付。遵循理赔时效的规定对于保障被保险人的权益至关重要。如果保险公司拖延理赔，被保险人或受益人可以向保险监管机构投诉，甚至通过法律途径维护自己的权益。

（2）通知义务。

被保险人或受益人在知道或应当知道保险事故发生后，有义务及时通知保险公司。这是保险合同中的一项重要条款，也是被保险人或受益人应尽的责任。通知内容应包括事故发生的时间、地点、原因、损失情况以及被保险人或受益人的联系方式等。及时通知有助于保险公司及时了解事故情况，采取必要的措施防止损失扩大，并为后续的理赔处理提供依据。

如果被保险人或受益人未履行通知义务，导致保险公司无法及时了解事故情况或进行必要的调查，保险公司可能会拒绝承担赔偿责任。因此，在发生保险事故后，被保险人或受益人应第一时间通知保险公司，并积极配合保险公司的理赔工作。

【案例】

　　某车主在发生车辆碰撞事故后,未及时通知保险公司,而是与对方私下协商解决。数日后,该车主向保险公司申请理赔,但因未履行及时通知义务而被保险公司拒绝赔偿。此案例表明,及时通知保险公司是获得理赔的前提。

2. 理赔资料的准备与提交

（1）理赔资料的准备。

　　被保险人或受益人在申请理赔时,应准备齐全、准确的理赔资料。具体资料要求可能因险种和保险公司而异,但一般包括保险合同、身份证明、事故证明（如交警出具的事故认定书）、损失清单、医疗费用发票等。部分特殊险种可能还需要提供额外的专业证明文件,如伤残鉴定报告、死亡证明等。

　　在准备理赔资料时,被保险人或受益人应仔细核对资料,确保资料的完整性和准确性。如果资料不全或存在错误,可能会导致理赔延误或拒赔。因此,在提交理赔申请前,被保险人或受益人应仔细阅读保险公司的理赔指南,确保准备的资料符合保险公司的要求。

（2）理赔资料的提交。

　　理赔资料可以通过保险公司指定的方式提交,如邮寄、电子邮件、在线上传等。在提交资料时,被保险人或受益人应保留好提交记录,以便后续查询理赔进展。

　　提交资料后,被保险人或受益人应密切关注保险公司的反馈。如果保险公司要求补充资料或进行进一步调查,被保险人或受益人应积极配合,并及时提供保险公司所需的协助和证据。

【案例】

　　某被保险人因意外受伤住院治疗,出院后向保险公司申请医疗费用理赔。然而,由于未提供完整的医疗费用发票和费用清单,理赔申请被保险公司拒绝。经过沟通后,被保险人补充了完整的资料,并最终获得了理赔款。此案例表明,准备齐全、准确的理赔资料是获得理赔的关键。

3. 理赔过程中的沟通与协商

（1）与保险公司的沟通。

　　在理赔过程中,被保险人或受益人应与保险公司保持密切沟通,可以通过保险公司的客服热线与在线客服或理赔专员进行联系。在沟通时,应保持冷静、客观的态度,详细描述事故情况和损失程度,并提供相关的证据和资料。

　　如对理赔决定有异议,被保险人或受益人可以向保险公司提出申诉,并提供相关证据支持自己的主张。在申诉过程中,应保持理性、合法的维权方式,避免采取过激行为。

（2）协商与调解。

对于理赔争议，被保险人或受益人与保险公司可以通过协商和调解的方式解决。协商和调解有助于双方达成互谅互让的解决方案，避免不必要的法律诉讼。在协商和调解过程中，双方应充分表达各自的意见和诉求，并寻求共同的解决方案。

如果双方经协商和调解后无法达成一致意见，被保险人或受益人可以向保险监管机构投诉或寻求法律援助。在投诉或寻求法律援助前，应准备好相关的证据和资料，并详细描述理赔过程和争议点。

【案例】

某被保险人的车辆被盗后向保险公司申请理赔。然而，保险公司认为被盗车辆的价值低于被保险人的索赔金额，导致理赔争议。经过协商和调解，双方在赔偿方案上最终达成了一致。此案例表明，协商和调解是解决理赔争议的有效途径。

4. 特殊理赔情况的处理

（1）复杂事故的处理。

对于涉及多方责任、多次事故或复杂损失的情况，保险公司可能需要更长的时间进行核实和评估。在这种情况下，被保险人或受益人应积极配合保险公司的工作，提供必要的协助和证据。同时，应保持耐心和理解，等待保险公司的最终决定。

在复杂事故的处理过程中，被保险人或受益人可以咨询保险顾问或律师，以获取更专业的建议和帮助。

（2）欺诈行为的防范。

保险公司在理赔过程中会加强对欺诈行为的防范和识别。被保险人或受益人应诚实守信，不得提供虚假资料或夸大损失程度以骗取保险金。一旦发现欺诈行为，保险公司有权拒绝承担赔偿责任，并向相关部门举报。

为了防范欺诈行为，被保险人或受益人在申请理赔时应提供真实、准确的资料和证据。同时，应关注保险公司的反欺诈宣传和提示，提高自我防范意识。

【案例】

某被保险人为了获取更高的赔偿金额，在申请车辆理赔时提供了虚假的维修发票和费用清单。保险公司经过调查和核实，最终发现了该被保险人的欺诈行为，并拒绝了其赔偿申请。此案例表明，提供虚假资料和夸大损失程度是严重的违法行为，将导致被保险人无法获得理赔款并可能面临法律责任。

5. 理赔结果的确认与结案

（1）赔款支付与确认。

保险公司在完成理赔审核后，会按照合同约定向被保险人或受益人支付赔款。赔款支付方式可能包括银行转账、支票等。在收到赔款后,被保险人或受益人应仔细核对赔款金额和支付方式是否正确无误。

如果发现赔款金额或支付方式有误,被保险人或受益人应及时与保险公司联系并进行更正。同时,应保留好相关的支付凭证和记录,以便后续查询和核对。

(2)结案处理。

赔款支付完成后,保险公司会将相关理赔文件进行归档,并向被保险人或受益人发出结案通知。结案通知的发出标志着理赔流程的正式结束。收到结案通知后,被保险人或受益人应仔细核对通知内容是否与实际理赔情况相符。

如果发现结案通知内容有误或存在遗漏,被保险人或受益人应及时与保险公司联系并进行更正。同时,应保留好结案通知和其他相关的理赔文件,以便后续查询和核对。

【案例】

某被保险人在车辆发生事故后向保险公司申请理赔,并经过保险公司的审核,获得了赔款。然而,在收到赔款后,该被保险人发现赔款金额低于实际损失。经过与保险公司的沟通和协商,最终确认了实际损失程度并获得了相应的补充赔偿。同时,保险公司也发出了更正后的结案通知。此案例表明,在理赔过程中应仔细核对赔款金额和结案通知内容,确保自己的权益得到充分保障。

三、赔款后追偿与代位求偿

(一)赔款后追偿

定义:在车险事故中,当保险公司或责任方先行承担了赔偿责任后,依法向应承担最终责任的其他方进行追偿,以挽回部分或全部损失。这种追偿通常发生在事故责任明确,且一方已经先行赔付了损失的情况下。

赔款追偿流程如下。

(1)确定追偿对象:识别对保险事故负有责任的第三方。

(2)发出追偿通知:向追偿对象发出正式的追偿通知,要求其承担相应的责任。

(3)协商或诉讼:与追偿对象进行协商,或通过法律途径进行诉讼,以解决追偿问题。

(4)追偿成功或失败处理:根据追偿结果,进行相应的账务处理或采取其他措施。

(二)代位求偿

定义:在车险事故中,由第三者的过失造成保险车辆的损害,被保险人(车主)不向第三者索赔,而选择向保险公司求偿时,保险公司向被保险人支付约定的赔款后,在赔偿金额范围内代位行使被保险人对第三者请求赔偿的权利。

代位求偿流程如下。

(1)被保险人提供第三方信息:被保险人需要向保险公司提供造成保险事故的第三方的相关信息。

（2）保险公司进行代位求偿：保险公司根据被保险人提供的信息，向第三方进行代位求偿。

（3）代位求偿成功或失败处理：根据代位求偿的结果，进行相应的账务处理或采取其他措施。

赔款后追偿与代位求偿流程如表6-3所示。

表6-3　赔款后追偿与代位求偿流程

流程环节	赔款后追偿	代位求偿
前提	保险公司或责任方先行承担赔偿责任	保险事故由第三方造成
第一步	确定追偿对象	被保险人提供第三方信息
第二步	发出追偿通知	保险公司进行代位求偿
第三步	协商或诉讼	代位求偿成功或失败处理
结果	追偿成功：收回赔款。追偿失败：损失	代位求偿成功：收回赔款。失败：损失
注意事项	注意追偿时效和法律依据	注意代位求偿的法律依据和程序

【案例】

背景：小李和小张分别驾驶汽车，在一条繁忙的街道上相遇。由于小张驾驶不当，两车发生了碰撞，导致小李的车严重受损。事故发生后，交警到场并认定小张负全责。

情况一：赔款后追偿

小李没有为车辆购买保险，他选择直接找小张索赔。经过协商，小张同意赔偿小李车辆的维修费用，但小张手头资金紧张，无法立即支付全部费用。于是，小张先支付了部分费用，并承诺余款在一个月内付清。然而，一个月后小张并未履行承诺，小李无奈之下，通过法律途径向小张追偿剩余的维修费用。

情况二：代位求偿

小李为车辆购买了保险，事故发生后，小李选择向自己的保险公司（假设为A公司）索赔。A公司经过调查，确认小张确实负全责，于是按照保险合同的约定，先行赔付了小李车辆的维修费用。赔付后，A公司取得了对小张的代位求偿权，即A公司有权代替小李向小张追偿已支付的维修费用。

第三节　理赔案例分析

学习目标

1. 掌握理赔案例分析的基本方法，学会从案例中提取关键信息，分析事故原因、责任划分及理赔流程。识别不同险种在理赔案例中的应用与差异。

2. 理解汽车保险理赔的复杂性与多样性，通过案例，理解汽车保险理赔过程中可能遇到的各种情况与问题。认识到保险条款、法律法规对理赔结果的重要影响。

3. 提升解决实际问题的能力，运用所学知识，分析并解决案例中的实际问题，培养独立思考和决策能力。

4. 从案例中总结经验教训，为未来的职业生涯做好准备。

学习指导

1. 交强险理赔案例：涉及交强险的交通事故案例，分析责任划分、赔偿限额及保险公司的赔付流程。强调交强险的强制性、保障范围及限额规定。

2. 商业车险理赔案例：涉及车损险、三者险、盗抢险等商业车险的理赔案例，分析不同险种在理赔中的具体应用。突出商业车险的灵活性、个性化及高保额特点。

3. 复杂理赔案例：涉及多方责任、多种险种交叉及法律争议的复杂理赔案例。分析解决复杂理赔问题的策略与方法，培养应对复杂情况的能力。

4. 引导学生思考案例中的核心问题，如责任划分、险种适用性、赔偿限额等，鼓励学生提出自己的观点和疑问。

5. 组织学生分组讨论案例的解决方案，鼓励学生提出多种可能的解决方案。引导学生分析各种方案的优缺点，选择最优方案。

6. 要求学生选取一个或多个案例进行深入分析，并撰写案例分析报告。报告应包括案例背景、问题分析、解决方案、知识总结及反思等内容。

一、暴雨导致的发动机损坏理赔争议

1. 案情回顾

张先生驾驶家用别克轿车，在某年夏季的一场暴雨后的第二天早晨，因躲避突然变道的车辆不慎陷入路边积水坑中，导致发动机进水损坏。张先生随即向保险公司报案，但保险公司以事故非暴雨当天发生为由拒绝理赔。

2. 相关细节

天气情况：暴雨发生在前一天晚上，持续到深夜，城市多处出现积水。

事故现场：积水坑位于一条繁忙道路的边缘，由于排水系统不畅，积水深达 0.5 米。张先生的车辆在尝试避开变道车辆时驶入积水坑，导致发动机进水。

理赔过程：张先生提供了暴雨证明和事故现场照片，但保险公司认为发动机损坏是由涉水后二次启动造成的，不属于暴雨直接导致的损失，因此拒绝赔付。

法律纠纷与解决：张先生不满拒赔决定，寻求法律援助。经过调解和协商，保险公司最终同意承担部分维修费用，并建议张先生在未来投保时考虑涉水险以获得更全面的保障。

3. 知识点分析

理赔风险防控：保险公司应明确界定暴雨等自然灾害导致的损失范围，并在合同中清晰

表述。同时,加强对客户的保险知识教育,提醒其注意涉水行驶的风险。

客户服务与满意度提升:面对拒赔情况,保险公司应主动沟通,提供合理的解释和建议。在可能的情况下,考虑客户实际情况,灵活处理理赔案件,以提升客户满意度。

附加险种的重要性:此案例凸显了涉水险等附加险种的重要性。保险公司应向客户充分解释这些附加险种的作用和价值,鼓励客户根据实际需求进行投保。

理赔时效性与客户体验:理赔处理的时效性直接影响客户满意度。保险公司应建立快速响应机制,确保及时调查、定损和赔付,以减少客户等待时间,提升客户体验。

法律知识与合规性:保险公司和理赔人员应具备基本的法律知识,确保理赔处理过程符合相关法律法规要求,避免因违规操作引发法律纠纷。

二、酒后驾驶引发的交通事故与交强险赔付

1. 案情回顾

朱某在晚餐时饮酒,之后驾驶自家轿车上路,不慎撞倒一名行人后逃逸,行人因伤势过重死亡。事后,朱某向保险公司申请交强险赔付,但被拒绝。

2. 相关细节

事故现场:事故发生在居民区内的一条街道上,监控录像清晰记录了朱某驾车逃逸的过程。

理赔过程:保险公司接到报案后,立即展开调查,发现朱某存在酒后驾驶行为。根据交强险条例和保险合同约定,保险公司决定不予赔付,并通知朱某。

法律后果:朱某因酒后驾驶和肇事逃逸被警方逮捕,并面临刑事指控。同时,受害者家属提起民事诉讼,要求朱某赔偿。

3. 知识点分析

理赔风险防控:保险公司应严格审核事故原因,对于违法驾驶行为(如酒后驾驶、无证驾驶等)坚决不予赔付,以维护法律尊严和保险公平性。

客户服务与满意度提升:在拒赔同时,保险公司可提供法律咨询或引导客户通过合法途径解决赔偿问题,展现企业责任感。同时,加强酒驾危害宣传,提升公众安全意识。

社会责任与法律意识:此案例强调了保险公司和投保人都应具备的社会责任和法律意识。保险公司应坚守原则,不赔付违法驾驶行为;投保人则应遵守交通法规,确保自身和他人的安全。

道德风险与保险欺诈:酒后驾驶等违法行为不仅违反法律,也构成道德风险。保险公司应加强对道德风险的识别和防范,避免因此类行为导致的保险欺诈。

公众教育与宣传:保险公司有责任通过宣传和教育活动提高公众的交通安全意识,以减少类似事故的发生。

三、虚构事故骗保案

1. 案情回顾

刘某驾驶宝马轿车在某日凌晨时段发生碰撞事故,报案后查勘员发现驾驶员穿着拖鞋,且监控显示实际驾驶员与报案人不符,最终判定为骗保行为。

2. 相关细节

事故现场：事故发生在一条偏僻的道路上，车辆撞击路边树木，前保险杠严重受损。

理赔调查：查勘员到达现场后，发现刘某穿着拖鞋，对事故细节描述模糊，且行为表现异常。调取周边监控录像后，发现实际驾驶员为刘某的朋友，且事发时刘某并不在场。

法律后果：保险公司拒绝赔付，并将案件移送公安机关处理。刘某及其朋友因涉嫌保险诈骗罪被立案调查。

3. 知识点分析

理赔风险防控：保险公司应建立完善的反欺诈机制，利用科技手段（如监控录像、数据分析等）识别异常理赔案件，及时发现并处理骗保行为。

客户服务与满意度提升：对于真实受损的客户，保险公司应加快理赔流程，确保及时赔付；对于涉嫌骗保的行为，应依法处理，同时加强公众教育，提高防范意识。

诚信原则与法律责任：此案例强调了诚信原则在保险理赔中的重要性。投保人应如实报案，不得虚构事故或隐瞒真相；否则，将承担法律责任。

技术手段在反欺诈中的应用：保险公司可以利用科技手段（如大数据分析、人工智能等）来提高反欺诈的效率和准确性。

合作与信息共享：保险公司之间以及与其他相关机构（如警方、交通管理部门）的合作和信息共享对于打击保险欺诈至关重要。

四、快速理赔与优质服务提升

1. 案情回顾

某市发生一起两车追尾事故，责任明确，双方车主均投保于同一家保险公司。从报案到赔款支付，保险公司仅用时一小时，赢得了客户的高度评价。

2. 相关细节

事故现场：事故发生在一条城市主干道上，交通繁忙。追尾事故导致后车车头受损，前车车尾轻微剐蹭。双方车主立即下车查看情况，并交换了保险信息。

理赔流程：双方车主立即向保险公司报案，并提供现场照片和事故责任认定书。保险公司迅速派出查勘员，利用移动定损设备快速完成定损。随后，保险公司直接支付赔款至双方车主指定的账户。

客户满意度：双方车主对保险公司的快速理赔服务表示非常满意，认为大大减轻了事故带来的不便。他们特别赞赏了保险公司的高效和专业态度。

3. 知识点分析

理赔效率提升：保险公司应优化理赔流程，利用互联网技术实现在线报案、在线定损、快速赔付等功能，以缩短理赔周期并提高客户满意度。

客户服务与满意度提升：提供全天候在线客服、专业理赔顾问等增值服务，及时响应客户需求并解决客户疑虑，是提升客户满意度和忠诚度的关键。

技术创新与竞争力：此案例展示了技术创新在提升保险公司竞争力方面的重要性。通过采用先进的移动定损设备和在线理赔系统，保险公司能够提供更快速、更便捷的服务。

员工培训与专业素质：快速理赔服务的背后是专业的理赔团队。保险公司应加强对员工的培训,提高其专业素质和服务意识,以确保快速、准确地处理理赔案件。

客户反馈与持续改进:保险公司应积极收集客户反馈,了解客户需求和期望,并据此不断改进理赔流程和服务质量,以提升客户满意度和忠诚度。

五、自燃事故与保险条款的争议

1. 案情回顾

湖南省某市,一辆出租汽车在行驶过程中引擎盖下突然起火,虽然火势被扑灭,但整车被烧毁。出租车公司向保险公司提出理赔要求,但保险公司以车辆未投保自燃险为由拒绝赔付。

2. 相关细节

车辆情况:该出租汽车已使用五年,定期进行维护保养,但近期未进行专门针对自燃风险的检查。

理赔过程:保险公司派出专业人员勘查现场,确认起火原因为车辆内部线路老化。投保人认为火灾属于车辆损失险的保障范围,不应因未投保自燃险而拒赔。双方因此产生争议。

法律纠纷与解决:经过一审、二审及再审,法院最终裁定保险公司应履行赔付义务,赔偿金额根据车辆实际价值和保险条款规定进行计算。同时,法院也指出投保人应对车辆进行更全面的风险管理和保险规划。

3. 知识点分析

理赔风险防控:保险公司在销售保险产品时应明确告知客户各项保险责任及免责条款,特别是针对特殊风险(如自燃)的附加险。同时,建议客户定期对车辆进行维护检查以降低自燃风险。

客户服务与满意度提升:面对理赔争议,保险公司应保持耐心,积极与客户沟通并解释拒赔原因及法律依据。在法院判决后,应迅速执行赔付并加强客户教育,以提升客户的风险意识。

保险规划与风险管理:此案例强调了保险规划和风险管理的重要性。投保人应根据车辆实际情况和潜在风险选择合适的保险产品;保险公司则应提供专业的风险管理建议和服务。

法律知识与合规性:保险公司和理赔人员应具备基本的法律知识,确保在处理理赔案件时能够准确理解和应用相关法律法规,避免因违规操作引发法律纠纷。

合同条款的明确性与解释权:保险合同中的条款应尽可能明确、具体,以减少因条款模糊而引发的争议。同时,保险公司应保留对合同条款的解释权,以确保在争议发生时能够维护自身权益。

六、多车事故与责任认定

1. 案情回顾

彭某驾驶车辆在六盘水市盘州市柏果镇与另一车辆发生碰撞,导致对方车辆受损。交警认定彭某负主要责任,对方车辆负次要责任。保险公司在收集齐全资料后支付了理赔款。

2. 相关细节

事故现场：两车在一个交叉路口发生碰撞，路口没有交通信号灯控制，双方车辆均有一定程度的损伤。

理赔过程：保险公司在接到报案后立即展开理赔流程。理赔人员详细询问了事故经过，收集了现场照片、交警出具的事故责任认定书以及双方车辆的维修发票等相关资料。

责任认定：根据交警的事故责任认定书，彭某因未注意观察路况、未确保安全行驶而负主要责任，对方车辆因行驶速度过快而负次要责任。保险公司根据这一责任认定，按照保险合同的约定计算了理赔金额。

理赔结果：在收集齐全所有必要的理赔资料后，保险公司迅速支付了理赔款给彭某，用于赔偿对方车辆的损失。同时，保险公司也向彭某提供了详细的理赔报告，解释了理赔金额的计算依据和过程。

3. 知识点分析

多车事故处理流程：在多车事故中，保险公司需要详细了解事故经过，收集所有相关证据，并根据交警的责任认定来计算理赔金额。这一流程要求保险公司具备高效的信息收集和处理能力。

责任认定的重要性：责任认定是理赔处理的关键环节。保险公司必须依据交警或相关机构出具的责任认定书来确定赔偿比例和金额，以确保理赔的公平性和准确性。

理赔速度与效率：在此案例中，保险公司在收集齐全资料后迅速支付了理赔款，展现了高效的理赔处理能力。这有助于提升客户满意度和保险公司的市场竞争力。

客户沟通与解释：保险公司应向客户详细解释理赔过程、责任认定以及理赔金额的计算依据，以增强客户的信任感和满意度。有效的沟通是提升客户服务质量的关键。

交通安全意识提升：此案例提醒了所有驾驶员要时刻注意交通安全，遵守交通规则，以减少交通事故的发生。保险公司可以通过宣传和教育活动来提升公众的交通安全意识。

练习题

一、选择题

1. 汽车保险理赔的基本流程不包括以下哪一项？（　　）

A. 报案与查勘　　B. 定损与核价　　C. 维修与换件　　D. 缴税与上牌

2. 在汽车保险理赔中，报案后保险公司通常要求多少小时内进行现场查勘？（　　）

A. 2 小时　　B. 12 小时　　C. 24 小时　　D. 48 小时

3. 以下哪项不属于车险理赔中的"单证收集"内容？（　　）

A. 保险单正本　　　　B. 驾驶证、行驶证复印件

C. 维修发票　　　　D. 购车合同

4. 车辆发生全损时，保险公司按照（　　）进行赔付。

A. 实际价值　　B. 新车购置价　　C. 双方协商价格　　D. 市场评估价

5. 关于第三者责任险，以下说法错误的是（　　）。

A. 赔偿因被保险车辆造成的第三方人身伤亡或财产损失

B. 保险金额由投保人自行选择

C. 不包括被保险人及其家庭成员的人身伤亡

D. 无论责任大小,保险公司均全额赔付

6. 以下哪项是车险理赔中常见的"免赔条款"? (　　)

A. 自然灾害导致的损失

B. 驾驶员无证驾驶造成的损失

C. 第三方责任导致的损失

D. 车辆正常磨损

7. 在车险理赔中,若被保险车辆发生轻微剐蹭,但不影响行驶,保险公司可能建议采取哪种处理方式? (　　)

A. 必须更换受损部件　　　　　　　B. 立即报案并等待查勘

C. 自行修复后凭发票索赔　　　　　D. 直接拒赔

8. 关于车险中的"不计免赔险",以下说法错误的是(　　)。

A. 投保后,保险公司将不再扣除免赔额

B. 它是一种附加险种,需要额外购买

C. 所有车险都可以附加不计免赔险

D. 降低了投保人的经济负担

9. 在车险理赔中,以下哪项不属于保险公司的责任免除范围? (　　)

A. 酒后驾驶造成的事故

B. 被保险人故意制造的事故

C. 自然灾害(如洪水、地震)造成的损失

D. 车辆未在规定时间内进行年检

10. 关于玻璃单独破碎险,以下说法正确的是(　　)。

A. 该险种只赔偿前挡风玻璃的损失

B. 车辆未发生碰撞,但玻璃因其他原因破碎也可赔偿

C. 该险种是交强险的附加险

D. 只有新车才能购买此险种

11. 在车险理赔过程中,若对定损结果有异议,投保人应如何操作? (　　)

A. 直接拒绝接受定损结果

B. 与保险公司协商,必要时可申请重新定损

C. 自行选择维修厂并维修,再向保险公司索赔

D. 立即向法院提起诉讼

二、问答题

1. 简述车险理赔中"定损"与"核价"的区别。

2. 在什么情况下,车主需要向保险公司申请代位求偿?

3. 解释"车险续保"的重要性,并说明续保时应注意哪些事项。

4. 在车险理赔过程中,如何有效维护自己的权益?

5. 解释"免赔率"在车险理赔中的作用及其常见形式。

6. 简述车险理赔中"代位求偿"的适用条件及流程。

三、填空题

1. 汽车保险理赔的起点是_____。

2. 在车险理赔中,若被保险车辆发生部分损失且未达到全损标准,通常采用_____原则进行赔付。

3. 交强险的全称是_____。

4. 车险理赔中,若被保险车辆发生自燃,通常需要购买_____才能获得赔偿。

5. 在处理车险理赔纠纷时,投保人可以向_____投诉或申请调解。

6. 交强险的赔偿限额分为_____和_____两部分。

7. 车险理赔中,若被保险车辆发生盗抢,保险公司赔付后,车辆所有权将转移给_____。

8. 在处理车险理赔时,保险公司通常会参考_____来确定车辆的实际价值。

9. 交强险的赔偿原则包括_____和_____。

四、材料题

材料一:小张驾驶私家车与一辆货车发生追尾事故,造成双方车辆不同程度损坏。小张立即向保险公司报案,并等待查勘员到场。查勘员现场确认小张车辆尾部受损严重,需更换后保险杠及尾灯,并拍摄了相关照片和记录了事故情况。随后,小张将车辆送至指定维修厂进行维修,并提交了相关理赔单证给保险公司。

问题:

1. 根据材料,简述小张在事故发生后采取了哪些关键步骤。

2. 假设小张的车辆维修费用高于保险公司初步定损金额,应如何处理?

材料二:王女士的车辆在小区内被不明车辆剐蹭,导致车身一侧出现划痕。王女士立即向保险公司报案,并提供了事故现场照片和车辆受损情况的照片。保险公司经过审核后,同意按照划痕险进行赔付,并要求王女士将车辆送至指定维修厂进行修复。

问题:

1. 根据材料,分析王女士为何能成功获得划痕险的赔付。

2. 若王女士选择自行修复车辆后再向保险公司索赔,可能会面临哪些风险?

材料三:李先生驾驶私家车在高速公路上发生追尾事故,导致车辆严重受损,且对方车辆逃逸。李先生立即向保险公司报案,并提供了事故现场照片、驾驶证、行驶证等相关材料。保险公司经过查勘定损后,同意按照代位求偿流程处理。

问题:

1. 根据材料,分析李先生为何能申请代位求偿。

2. 代位求偿后,若保险公司成功追回赔偿款,该款项将如何处理?

五、案例分析题

案例一:张先生驾驶自己的私家车在周末前往郊区游玩时,不慎驶入了一片泥泞路段,导致车辆陷入泥中无法自行脱困。张先生随即向保险公司报案,并请求救援服务。保险公司派遣了救援车辆前往现场,成功将张先生的车辆拖出泥泞区域,并送至最近的维修厂进行检查。

问题:

1. 张先生在此情况下向保险公司报案并请求救援是否合理? 为什么?

2. 如果车辆因救援过程造成二次损坏,这部分损失应由谁承担?

案例二:李女士的车辆夜间停放在小区停车场时,被不明车辆撞击,导致车辆后部受损严重。由于事发时无人目击且监控摄像头未能捕捉到肇事车辆,李女士只能向自己的保险公司报案并申请理赔。保险公司经过查勘后,同意按照车损险进行赔付,但要求李女士承担免赔额。

问题:

1. 在此案例中,李女士为何需要承担免赔额?

2. 如果李女士购买了"不计免赔险",那么这次事故中的免赔额将如何处理?

第六章练习题答案

第七章 汽车保险欺诈识别与防范

第一节 保险欺诈概述

学习目标

1. 深入理解保险欺诈的定义,明确其主要类型及特点。
2. 全面掌握保险欺诈的危害性,并分析其背后的成因。
3. 提升对保险欺诈行为的识别能力,掌握初步的防范措施,以保障自身和公司的利益。

学习指导

1. 在学习保险欺诈的定义与类型时,请结合图表和案例进行深入理解,掌握各类欺诈行为的特点和识别方法。

2. 分析保险欺诈的危害与成因时,请思考如何在实际工作中识别和防范这些欺诈行为,以保障自身和公司的利益。同时,要关注法律法规的完善和执行力度,以及保险公司内部管理的改进和优化。

3. 通过本节的学习,你将能够深入理解保险欺诈的基本概念、类型、危害以及成因,为后续的欺诈识别与防范打下坚实的基础。同时,你也将提升对保险欺诈行为的识别能力,掌握初步的防范措施,以更好地保护自身和公司的利益。

一、保险欺诈的定义与类型

汽车保险欺诈
的基础知识

(一)定义

保险欺诈,是一种在保险活动中,以非法占有为目的,投保人、被保险人或受益人利用虚构保险标的、编造未曾发生的保险事故、夸大损失程度、故意制造保险事故或冒名顶替等手段,骗取保险金或造成保险人不当支付赔偿金的行为。这种行为不仅损害了保险公司的利益,也破坏了保险市场的公平和秩序。

(二)类型及其特点

1. 虚构保险标的欺诈

特点:投保人虚构不存在的保险标的与保险人订立保险合同,随后编造保险事故,骗取保险金。此类欺诈行为往往涉及伪造证件、虚构事实等手段。

2. 编造保险事故欺诈

特点:投保人、被保险人或受益人编造未曾发生的保险事故,以获取保险金。此类欺诈行为通常难以查证,因为事故并未真实发生。

3. 夸大损失程度欺诈

特点:投保人、被保险人或受益人在保险事故发生后,故意夸大损失程度,以获取更多的保险金。此类欺诈行为往往涉及虚报损失、伪造证据等手段。

4. 故意制造保险事故欺诈

特点:投保人、被保险人或受益人为了获取保险金,故意制造保险事故。此类欺诈行为具有较大的社会危害性,可能涉及人身伤害或财产损失。

5. 冒名顶替欺诈

特点:非保险合同当事人冒用投保人、被保险人或受益人的名义,骗取保险金。此类欺诈行为往往涉及身份盗用、伪造签名等手段。

各类保险欺诈的特点如表 7-1 所示。

表 7-1　保险欺诈的特点

保险欺诈	特点
虚构保险标的欺诈	伪造证件、虚构事实
编造保险事故欺诈	难以查证,事故未真实发生
夸大损失程度欺诈	虚报损失、伪造证据
故意制造保险事故欺诈	具有社会危害性,可能涉及人身伤害或财产损失
冒名顶替欺诈	身份盗用、伪造签名

【案例】

虚构保险标的欺诈

张某为了获取保险金,虚构了一辆豪华轿车作为保险标的,并与某保险公司签订了车辆损失保险合同。随后,张某编造了该车辆被盗的保险事故,向保险公司索赔。然而,保险公司经过调查,发现张某提供的车辆证件均为伪造,最终识破了其欺诈行为。

二、保险欺诈的危害与成因

(一)危害

1. 对社会的危害

(1)经济损失。

直接经济损失:保险欺诈行为直接导致保险公司遭受经济损失,增加了运营成本。保险公司需要投入更多的人力、物力来识别和防范欺诈行为,这无疑增加了其经营成本。

间接经济损失:为了弥补欺诈行为带来的损失,保险公司可能会提高保费,导致所有投保人的负担增加。此外,欺诈行为还可能影响保险公司的偿付能力,进而影响整个保险行业的稳定发展。

(2)社会信任危机。

保险欺诈行为严重损害了保险行业的声誉,导致消费者对保险产品和服务的信任度下降。这种信任危机不仅会影响保险行业的长期发展,还可能引发更广泛的社会信任问题。当人们对保险行业失去信心时,可能会降低购买保险产品的意愿,进而影响社会的风险管理水平。

(3)法律秩序破坏。

保险欺诈行为违反了法律法规,破坏了法律秩序。这种违法行为不仅损害了公共利益,还可能引发一系列社会问题。如果欺诈行为得不到有效打击和制裁,将会助长不正之风,破坏社会的公平和正义。

(4)资源配置扭曲。

保险欺诈导致保险资源被错误配置,真正需要保险保障的人可能无法得到充分的保障。这种资源配置的扭曲不仅会影响社会的公平和正义,还可能加剧社会的不稳定因素。例如,一些不法分子通过欺诈手段获取保险金后,可能会用于非法活动或挥霍浪费,从而给社会带来更大的危害。

(5)社会风气败坏。

保险欺诈行为严重败坏了社会风气,扰乱了正常的社会秩序。巨额保险金的诱惑使得少数不法分子铤而走险,甚至采取纵火、爆炸、杀人等残忍手段骗取保险金。这些行为不仅给受害者及其家庭带来巨大痛苦和损失,也给社会增添了不安定因素,严重威胁了社会的和谐稳定。

（6）其他影响。

保险欺诈还可能对保险市场的公平竞争环境造成破坏,影响保险行业的健康发展。同时,由于欺诈行为的存在,保险公司可能需要投入更多的资源用于反欺诈工作,这在一定程度上也会削弱其在产品创新和服务提升方面的投入能力。

2. 对个人的危害

（1）法律责任与处罚。

刑事责任:根据《中华人民共和国刑法》第一百九十八条的规定,进行保险诈骗活动,数额较大的,处五年以下有期徒刑或者拘役,并处一万元以上十万元以下罚金;数额巨大或者有其他严重情节的,处五年以上十年以下有期徒刑,并处二万元以上二十万元以下罚金;数额特别巨大或者有其他特别严重情节的,处十年以上有期徒刑,并处二万元以上二十万元以下罚金或者没收财产。这意味着,一旦个人涉及保险欺诈并被查实,将面临严重的刑事处罚。

行政处罚:对于尚不构成犯罪的保险欺诈行为,根据《中华人民共和国保险法》第一百七十四条的规定,依法给予行政处罚。这可能导致个人被罚款、吊销相关资格证或禁止从事相关行业等。

（2）经济损失。

保费上涨:保险欺诈行为会导致保险公司的经济损失增加,为了弥补这些损失,保险公司可能会提高保费。这意味着所有诚实的投保人将不得不为少数欺诈者的行为买单。

无法获得保险赔偿:一旦被保险公司发现存在欺诈行为,个人不仅无法获得预期的保险赔偿,还可能面临保险合同的解除和保费的损失。

（3）信用损失。

保险行业黑名单:保险欺诈行为一旦被揭露,个人将被列入整个保险行业的黑名单。这意味着在未来,个人将很难在保险市场上获得任何形式的保险保障。

征信记录受损:随着社会信用体系的不断完善,保险欺诈行为很可能被纳入个人征信记录。这将严重影响个人的信用评级,进而影响贷款、购房、购车、出国旅游、留学等方面的金融服务。

（4）生活影响。

职业前景受限:保险欺诈行为可能导致个人形象受损,从而影响其职业前景。特别是在需要高度诚信和道德标准的行业(如金融、保险等行业),个人的欺诈行为将使其难以获得雇主和客户的信任。

社会声誉下降:保险欺诈行为一旦被曝光,将对个人的社会声誉造成严重影响。这将使个人在社交场合中受到排斥和歧视,进而影响其社会交往和人际关系。

（5）心理压力。

保险欺诈行为往往伴随着巨大的心理压力。一方面,欺诈者时刻担心自己的欺诈行为被揭露;另一方面,一旦欺诈行为败露,他们将面临来自法律、经济和社会等各方面的巨大压力。这种心理压力可能导致欺诈者出现焦虑、抑郁等心理问题。

3. 对保险公司的危害

（1）经济损失。

保险欺诈行为直接导致保险公司支付不必要的赔款,从而造成经济损失。这些损失可能包括高昂的医疗费用、车辆维修费用或其他相关费用。根据国际经验估算,每年涉嫌保险欺诈的赔付金额占保险赔付总额的10%～20%。这意味着保险公司需要承担大量因欺诈行为而产生的额外支出,使其经济效益受损。

（2）偿付能力风险。

巨额欺诈行为可能导致保险公司财务局部失衡,进而危及公司的偿付能力。偿付能力是保险公司履行赔付义务的重要保障,一旦受到严重损害,将影响公司的正常运营和市场信誉。在极端情况下,偿付能力不足还可能引发系统性风险,对整个保险行业造成冲击。

（3）市场信任危机。

频繁的保险欺诈事件会降低公众对保险行业的信任度,进而影响保险公司的声誉和业务。当消费者对保险公司的信任度下降时,他们可能会降低购买保险产品的意愿,导致保险公司业务量下滑。此外,市场信任危机还可能引发连锁反应,影响整个保险市场的健康发展。

（4）产品停售与价格上涨。

如果保险公司发现某款保险产品频繁受到欺诈行为的侵扰,为了保护自身利益,可能会选择停售该产品。这对于保险公司来说是一种无奈之举,也可能导致市场上缺乏某些必要的保险产品供给。同时,为了弥补欺诈带来的损失和应对市场信任危机,保险公司可能会提高保费以转嫁风险。这将使得诚实守信的消费者不得不为欺诈者的行为买单,增加了他们的经济负担。

（5）运营成本增加。

为了识别和防范保险欺诈行为,保险公司需要投入更多的人力、物力和财力,包括加强内部审核、建立反欺诈机制、培训专业人员以及购买相关技术等。这些额外的投入无疑增加了保险公司的运营成本,进一步降低了其经济效益。

（6）法律与合规风险。

保险欺诈行为涉及违反法律法规和保险合同约定的问题。如果保险公司未能及时发现和制止欺诈行为,可能会面临来自监管机构的处罚和诉讼风险。这不仅会损害公司的声誉和形象,还可能导致公司面临巨额罚款甚至被吊销经营许可证等严重后果。

（二）成因

1. 信息不对称

保险欺诈行为中的信息不对称问题是一个复杂而关键的问题,它涉及保险市场参与者之间信息获取、掌握和运用的不平衡状态。

（1）信息不对称的定义与表现。

信息不对称指的是市场上的某些参与者拥有但其他参与者无法获取或了解的信息,或者一方掌握的信息多于另一方。在保险市场中,这种信息不对称主要表现为投保人或被保险人对保险标的的风险状况、历史记录等关键信息的掌握程度远高于保险公司,而保险公司难以全面、准确地获取这些信息。

（2）信息不对称在保险欺诈中的具体表现。

①投保方隐瞒真实情况。

投保人或被保险人在投保时可能故意隐瞒与保险标的相关的重要信息,如车辆的实际状况、驾驶人的驾驶记录等,以便以更低的保费获得保险保障。一旦出险,这些隐瞒的信息就可能成为欺诈的依据。

②提供虚假资料。

为了骗取保险金,投保人或被保险人可能伪造、编造与保险事故相关的证明文件或其他资料,如虚假的事故报告、医疗发票、维修清单等。由于保险公司难以直接核实这些资料的真实性,因此容易成为欺诈行为的突破口。

③利用信息优势进行欺诈。

在某些情况下,投保人或被保险人可能利用掌握保险条款、理赔流程等信息的优势,故意制造保险事故或夸大损失程度以获取不当利益。例如,故意制造交通事故以骗取车险赔付,或夸大医疗费用以获取更高的健康险赔付。

（3）信息不对称导致保险欺诈的深层次原因。

①保险标的的特殊性。

保险标的(如车辆、房屋、人身等)通常由投保人或被保险人控制和使用,保险公司难以直接获取其全面、客观的信息。这种空间上的分离使得投保人或被保险人有机会利用信息优势进行欺诈。

②信息获取成本的限制。

保险公司为了全面核实投保人或被保险人的信息,需要投入大量的人力、物力和财力。然而,在实际操作中,出于成本和效率的考虑,保险公司往往难以做到对所有信息进行全面、深入的核实,从而为欺诈行为提供了可乘之机。

③技术手段的局限性。

尽管现代科技手段在一定程度上提高了保险公司获取和核实信息的能力,但仍然存在一些局限性。例如,对于某些复杂的欺诈行为,现有的技术手段可能难以有效识别和防范;同时,一些不法分子也可能利用技术手段进行更隐蔽、更高级的欺诈活动。

（4）应对信息不对称导致保险欺诈的策略。

①加强信息披露。

保险公司应加强对投保人或被保险人履行信息披露和告知义务的要求,确保其在投保时充分了解保险条款、理赔流程等信息,并如实告知与保险标的相关的重要情况。

②提高信息核实能力。

保险公司应加大投入力度,提高信息核实能力。例如,通过建立完善的信息查询系统、加强与第三方机构的合作等方式,提高对投保人或被保险人信息核实的全面性和准确性。

③加强科技手段应用。

积极运用大数据、人工智能等现代科技手段进行欺诈风险识别和防范。例如,通过建立智能反欺诈系统、利用机器学习算法对海量数据进行分析挖掘等方式,及时发现和识别潜在的欺诈行为并采取相应的防范措施。

④完善法律法规和监管机制。

政府和相关监管部门应加强对保险市场的监管力度,完善相关法律法规体系,加大对保险欺诈行为的打击力度和惩罚力度。同时,推动建立行业信息共享机制和信息披露制度,提高整个保险行业的透明度和诚信度。

2. 道德风险

保险欺诈行为中的道德风险问题是一个复杂而多维的问题,它涉及保险市场参与者的行为动机、道德观念以及市场环境等多个方面。

（1）道德风险的定义与表现。

道德风险是指在经济活动中,一方在追求自身利益最大化的同时,可能损害另一方利益的风险。在保险领域,道德风险主要表现为投保人或被保险人为获取不当利益而故意隐瞒真实情况、夸大损失程度或制造虚假事故等行为。

（2）道德风险导致保险欺诈的具体表现。

①故意隐瞒真实情况。

投保人或被保险人在投保时故意隐瞒与保险标的相关的重要信息,如车辆的实际状况、驾驶人的驾驶记录、个人的健康状况等,以便以更低的保费获得保险保障。当保险事故发生时,这些不全面的信息使得保险公司难以准确评估损失并做出合理的赔付决策。

②夸大损失程度。

在保险事故发生后,投保人或被保险人可能故意夸大损失程度以获取更高的赔付金额。例如,在车险事故中夸大车辆损坏程度,在健康险事故中夸大医疗费用等。这种行为不仅损害了保险公司的利益,也扰乱了保险市场的正常秩序。

③制造虚假事故。

部分投保人或被保险人为了获取保险金而故意制造保险事故。例如,故意制造交通事故以骗取车险赔付,在购买健康险后故意造成伤害或疾病等。这种行为不仅严重违反了保险合同的诚信原则,还可能触犯法律。

（3）道德风险导致保险欺诈的深层次原因。

①经济利益的驱动。

保险合同允许投保人支出少量的保费来获得高额的保险保障,这种低成本高收益的特点为道德风险提供了动力源泉。部分投保人或被保险人出于经济利益的考虑,可能选择通过欺诈手段获取不当利益。

②道德观念的缺失。

一些投保人或被保险人的道德观念淡薄,缺乏诚信意识。他们可能认为通过欺诈手段获取保险金是一种"聪明"的做法,而忽视了这种行为对他人和社会造成的不良影响。

③信息不对称的利用。

如前所述,保险市场中的信息不对称使得投保人或被保险人有机会利用信息优势进行欺诈。他们可能故意隐瞒真实情况或提供虚假信息以获取更有利的保险条件。

④监管不力和法律漏洞。

如果监管机制不完善或存在法律漏洞,那么道德风险转化为实际欺诈行为的可能性就会增加。部分投保人或被保险人可能利用监管空白或法律漏洞进行欺诈活动而不受惩罚。

（4）应对道德风险导致保险欺诈的策略。

①加强道德教育。

提高公众对保险欺诈行为的认识是防范道德风险的重要手段。保险公司、监管机构以及社会各界应加强对公众的诚信教育和道德教育,引导人们树立正确的价值观和道德观。

②完善信息披露制度。

建立和完善信息披露制度可以减少信息不对称现象的发生。保险公司应要求投保人或被保险人在投保时如实告知相关信息,并在理赔过程中加强信息核实工作。同时,监管机构也应加强对保险公司信息披露行为的监管力度。

③强化法律制裁。

加大对保险欺诈行为的法律制裁力度是遏制道德风险的有效途径。政府和监管机构应完善相关法律法规体系,明确保险欺诈行为的法律责任和处罚标准,并加强对违法行为的打击力度。

④引入科技手段。

利用大数据、人工智能等现代科技手段可以提高对保险欺诈行为的识别和防范能力。例如,通过建立智能反欺诈系统对海量数据进行分析挖掘,可以及时发现潜在的欺诈行为并采取相应的防范措施。

3. 法律监管不完善

关于保险欺诈的法律法规尚不完善,执法力度不足,为欺诈者提供了可乘之机。一些欺诈者可能利用法律漏洞进行欺诈活动,而法律对其的制裁力度有限。

(1)法律法规体系不健全。

①法律规定存在空白。

现有的法律法规在保险欺诈方面可能存在一些空白地带,使得某些欺诈行为在法律上难以界定或处罚。例如,对于某些新型欺诈手段或复杂欺诈案件,现有法律可能缺乏明确的规定和指引。

②惩处力度不够。

我国法律对保险欺诈的惩处力度相对较轻,导致保险诈骗犯罪成本较低,且难以对犯罪分子形成有效的震慑力。这使得一些不法分子在利益驱动下铤而走险,实施保险欺诈行为。

(2)监管机制不完善。

①监管覆盖范围有限。

现有的监管机制可能无法全面覆盖保险市场的各个环节和领域,导致一些欺诈行为无法被及时发现和查处。特别是在一些新兴保险产品或服务领域,监管力度可能相对薄弱。

②监管手段和技术滞后。

随着科技的不断发展,保险欺诈手段也日益多样化和隐蔽化。然而,监管部门在监管手段和技术方法上可能存在一定的滞后性,难以有效应对新型欺诈行为。例如,大数据分析、人工智能等技术在保险欺诈识别中的应用还不够广泛和深入。

③跨部门协作不足。

反保险欺诈工作往往涉及多个领域和部门,需要跨部门协作才能形成有效的打击合力。然而,在实际操作中,不同部门之间可能存在信息共享不畅、协作机制不健全等问题,影响了监管效果。

(3)执法不严与司法认定困难。

①执法不严。

在一些地区或领域,监管部门可能存在执法不严的情况,对保险欺诈行为的查处力度不够。这导致一些欺诈行为得不到应有的法律制裁,助长了不法分子的嚣张气焰。

②司法认定困难。

保险欺诈案件的司法认定往往涉及复杂的法律问题和事实认定问题。目前相关法律法规不够明确或司法实践中的分歧较大,可能导致一些欺诈案件在司法认定上存在困难,难以得到公正的判决。

（4）对策与建议。

针对法律监管不完善导致的保险欺诈问题，可以从以下几个方面加以改进和完善。

①完善法律法规体系。

加强立法工作，填补法律空白，明确界定保险欺诈行为的性质和处罚措施。同时，加大对保险欺诈犯罪的惩处力度，提高违法成本，形成有效的震慑力。

②强化监管机制建设。

建立健全保险市场监管机制，实现对保险市场的全面覆盖和深入监管。引入先进技术手段和方法，提高监管效率和准确性。加强跨部门协作和信息共享机制建设，形成打击保险欺诈行为的合力。

③加大执法力度，提高司法公正性。

加大执法力度，对保险欺诈行为保持高压态势。同时，提高司法公正性，确保保险欺诈案件能够得到公正、公平的审理和判决。加强对执法人员和司法人员的培训和教育力度，提高他们的专业素养和法律意识。

④加强社会监督与公众参与。

加强社会监督和公众参与机制建设，鼓励社会各界积极参与保险欺诈行为的监督和举报工作。通过加强宣传教育力度，提高公众对保险欺诈行为的认识和防范意识，共同营造诚信、健康的保险市场环境。

4. 保险公司内部管理漏洞

保险公司内部管理存在漏洞，如核保、核赔流程不严谨，为欺诈行为提供了便利。一些欺诈者可能利用保险公司内部管理的不完善之处进行欺诈活动。

（1）保险公司内部管理漏洞的具体表现。

①单证管理、印章管理混乱。

保险公司在单证管理和印章管理方面存在漏洞，可能导致虚假单证和伪造印章的出现。这些虚假单证和伪造印章为保险欺诈行为提供了便利条件。

②营销员管理不规范。

保险公司在管理营销员时往往只重视业绩，而忽视了对其行为规范的监管。一些营销员可能为了完成业绩指标，不惜采取欺诈手段骗取客户投保或夸大保险保障范围。

③核保、核赔流程不严谨。

在核保阶段，保险公司可能未对保险标的进行科学的风险评估，导致一些不符合承保条件的标的被错误承保。在核赔阶段，第一现场查勘率不高、识别真假能力不强等问题也可能导致欺诈案件的发生。

④对代理点及业务人员管控不力。

保险公司的代理点是保险欺诈行为的高发领域。一些代理点或业务人员可能为了谋取私利而与客户勾结，编造虚假赔案或重复索赔。而保险公司对这些代理点和业务人员的管控不力，使得这些欺诈行为得以实施。

⑤内部人员参与欺诈。

在极少数情况下，保险公司内部人员也可能参与欺诈行为。他们可能利用职务之便，虚构保单、伪造赔案或泄露客户信息等,为外部欺诈分子提供便利条件。

（2）内部管理漏洞的不良影响。

①提高欺诈行为的发生概率。

内部管理漏洞为不法分子提供了可乘之机,使得保险欺诈行为更容易发生。这些漏洞可能涉及单证管理、印章管理、营销员管理、核保与核赔流程等多个方面。

②加大保险公司的经营风险。

保险欺诈行为不仅会给保险公司造成直接经济损失,还会损害其声誉和信誉。频繁发生的欺诈案件可能引发客户对保险公司的信任危机,进而影响保险公司的业务拓展和市场竞争力。

③破坏市场秩序和公平竞争环境。

保险欺诈行为破坏了市场秩序和公平竞争环境。不法分子通过欺诈手段获取不当利益,挤压了合法经营者的生存空间,扰乱了市场的正常秩序。

（3）针对内部管理漏洞的防范措施。

①加强单证和印章管理。

保险公司应建立健全单证和印章管理制度,确保单证的真实性和印章的合法性。同时,加强对单证和印章的保管、使用和销毁等环节的监管力度。

②规范营销员行为。

保险公司应加强对营销员的培训和管理力度,提高他们的专业素养和诚信意识。同时,建立健全营销员行为规范体系,对违规行为进行严厉惩处。

③完善核保、核赔流程。

保险公司应完善核保、核赔流程,提高第一现场查勘率和查勘员识别真假的能力。加强对保险标的的风险评估和对赔案的审核力度,确保赔案的真实性和合理性。

④加强对代理点和业务人员的管控。

保险公司应加强对代理点和业务人员的管控力度,建立健全代理点和业务人员管理制度。加强对代理点和业务人员的日常监督和检查力度,及时发现和纠正违规行为。

⑤建立健全内部监督机制。

保险公司应建立健全内部监督机制,加强对内部人员的监督和管理力度。设立专门的反欺诈部门或岗位负责防范和打击保险欺诈行为,同时加强对内部人员的法制教育和职业道德教育力度,提高他们的法律意识和职业道德水平。

保险欺诈成因及说明如表 7-2 所示。

表 7-2　保险欺诈成因及说明

保险欺诈成因	说明
信息不对称	双方信息掌握程度不同
道德风险	一部分人缺乏诚信意识,无视法律法规
法律监管不完善	相关法律法规尚不完善,执法力度不足
保险公司内部管理漏洞	核保、核赔流程不严谨,存在漏洞

【案例】

故意制造保险事故欺诈

李某为了获取保险金,故意将自己的车辆驶入河中,制造车辆损坏的保险事故,并向保险公司索赔。然而,保险公司经过调查,发现李某的车辆损坏并非意外事故造成,而是其故意行为所致。最终,保险公司拒绝了李某的索赔请求,并将其行为报告给了相关部门。

第二节　欺诈手法揭秘

学习目标

1. 深入掌握汽车保险欺诈中虚假报案与夸大损失的手法,并能有效识别与防范。
2. 全面了解伪造证据与重复索赔的常见形式,掌握识别技巧,并学会制定相应的防范措施。
3. 熟悉其他常见的汽车保险欺诈手段,提高风险防范意识,确保在汽车保险业务中能够准确识别并有效应对各种欺诈行为。

学习指导

1. 阅读本节的学习目标,明确学习重点。浏览有关欺诈手法的概述,对即将学习的内容有一个大致的了解。
2. 仔细研读每一种欺诈手法的详细描述,理解其操作方式和特点。学习每种欺诈手法的识别方法和技巧,思考在实际工作中如何应用。
3. 深入分析每个案例,了解欺诈行为的具体实施过程和识别过程。思考如果自己是保险公司调查人员,会如何识别和处理这些欺诈行为。
4. 总结本节学习的关键内容,确保对欺诈手法和识别方法有清晰的认识。反思学习过程,思考还有哪些不明确或需要进一步深入了解的地方。
5. 在实际工作中,尝试应用所学的欺诈识别方法和技巧。与同学分享学习心得,共同提高欺诈防范能力。

一、虚假报案与夸大损失

（一）虚假报案

虚假报案是汽车保险欺诈中常见的一种手法，它指的是投保人、被保险人或受益人故意编造未曾发生的保险事故进行报案，以骗取保险金的行为。这种欺诈行为不仅损害了保险公司的利益，也破坏了保险市场的公平与秩序。

1. 虚假报案的常见手法

虚假报案的常见手法包括以下两种。

编造事故：投保人、被保险人或受益人完全虚构一起保险事故，如声称车辆被盗、发生碰撞等，以获取保险金。

移花接木：将非保险责任范围内的事故伪装成保险事故，如将车辆的自然磨损或故意损坏伪装成碰撞事故，以骗取保险金。

2. 识别虚假报案的措施

为了有效识别虚假报案，我们可以采取以下措施。

现场查勘：仔细勘查事故现场，寻找与报案内容不符的痕迹，如事故现场缺乏必要的碰撞痕迹、车辆损坏程度与报案描述不符等。

调查取证：调取监控录像、询问目击者等，核实事故的真实性。如果发现报案者描述与监控录像不符或与目击者证词存在矛盾，应进一步调查。

数据分析：分析历史报案记录，识别频繁报案或异常报案模式。如果同一投保人、被保险人或受益人在短时间内多次报案，且事故类型相似，应引起警惕。

（二）夸大损失

夸大损失是另一种常见的汽车保险欺诈手法。它指的是在保险事故发生后，投保人、被保险人或受益人故意夸大事故损失程度，以获取更高赔付金额的行为。

1. 夸大损失的常见手法

夸大损失的常见手法包括以下两种。

提高维修费用：虚报维修项目、夸大维修难度和费用，以获取更高的赔付金额。

夸大车辆价值：在车辆全损时，故意抬高车辆的市场价值，以获取更高的赔付金额。

2. 识别夸大损失的措施

为了有效识别夸大损失，我们可以采取以下措施。

定损复核：由专业的定损员进行损失复核，确保定损的合理性。如果发现定损结果与实际情况存在较大差异，应进一步调查。

市场询价：对维修费用和车辆价值进行市场询价，防止虚报。如果发现车辆的维修费用或车辆价值明显高于市场价格，应引起警惕。

旧件回收：回收更换的旧件，核实维修项目的真实性。如果发现旧件并未更换或维修项目并未实际进行，应进一步调查。

【案例】

　　某车主报案称,其停放在小区内的车辆被盗。然而,在保险公司调查人员到达现场后,发现了一些不寻常的迹象。首先,车辆停放的位置是一个监控死角,且周围没有其他车辆或物品被盗的迹象。其次,车主在报案时显得过于镇定,对车辆的详细信息描述得模糊不清。调查人员随后调取了小区的入口和出口监控录像,并未发现任何可疑人员或车辆进出的记录。在与车主的进一步交谈中,车主的言辞开始出现矛盾,最终承认是为了获取保险金而故意虚假报案。经过保险公司的深入调查,最终识破了这一欺诈行为,并拒绝了车主的赔付要求。

二、伪造证据与重复索赔

（一）伪造证据

　　伪造证据是汽车保险欺诈中另一种常见的手法。它指的是投保人、被保险人或受益人为获取保险金,故意制造或提供虚假的与保险事故有关的证明和资料的行为。

1. 伪造证据的常见手法

　　伪造证据的常见手法包括以下两种。

　　伪造现场:故意破坏现场或伪造事故现场痕迹,以掩盖真实的事故原因或夸大事故损失程度。

　　提供虚假单证:提供虚假的维修发票、虚假的警察报告等,以证明虚假的损失或事故。

2. 识别伪造证据的措施

　　为了有效识别伪造证据,我们可以采取以下措施。

　　单证审核:仔细审核提供的单证,识别虚假痕迹。如发现单证上的印章、签名等存在伪造嫌疑,应进一步调查。

　　现场复勘:对事故现场进行复勘,寻找矛盾点。如发现现场痕迹与报案描述不符或存在明显的伪造痕迹,应引起警惕。

　　技术鉴定:利用技术手段对单证进行真伪鉴定。如发现单证上的字迹、印章等存在伪造痕迹,应进一步调查。

（二）重复索赔

　　重复索赔是汽车保险欺诈中另一种需要警惕的手法。它指的是投保人、被保险人或受益人将同一保险事故向多家保险公司或多次向同一家保险公司索赔的行为。

1. 重复索赔的常见手法

　　重复索赔的常见手法包括以下两种。

　　一险多赔:对同一损失向多家保险公司投保并索赔,以获取多倍的赔付金额。

　　多次索赔:对同一事故多次报案或夸大不同部位损失进行多次索赔,以获取更高的赔付金额。

2. 识别重复索赔的措施

为了有效识别重复索赔,我们可以采取以下措施。

信息共享:保险公司之间建立信息共享机制,识别重复索赔。如发现同一事故被多次报案或多家保险公司均收到同一事故的报案,应引起警惕。

历史比对:比对历史报案记录,识别重复报案模式。如发现同一投保人、被保险人或受益人在短时间内多次报案且事故类型相似,应进一步调查。

细致调查:对可疑案件进行深入调查,核实事故的真实性。如发现事故现场存在矛盾点或报案描述与实际情况不符,应拒绝赔付并报警处理。

【案例】

某车主在一次碰撞事故后,首先向 A 保险公司报案并索赔。为了获取更多的保险金,该车主随后伪造了另一个事故现场,并向 B 保险公司报案、索赔。然而,由于 A 保险公司和 B 保险公司之间建立了信息共享机制,B 保险公司在处理报案时发现了这一重复索赔的欺诈行为。经过进一步调查,B 保险公司发现该车主提供的维修发票和警察报告均为伪造,最终拒绝了车主的赔付要求,并将其欺诈行为报告给了相关部门。该车主因此面临法律的严惩。

三、其他常见欺诈手段

除了上述手法外,还有一些其他常见的汽车保险欺诈手段,这些手段同样需要引起我们的高度警惕。

1. 其他常见的汽车保险欺诈手段

其他常见的汽车保险欺诈手段包括以下几种。

冒名顶替:非被保险人或其允许的驾驶员发生事故后,找具有合法驾驶资格的人顶替报案,以逃避法律责任和保险责任。

酒后换驾:酒后驾车发生事故后,找其他人顶替以逃避法律责任和保险责任。这种欺诈行为不仅违反了交通法规,也损害了保险公司的利益。

故意制造事故:为获取保险金,故意制造碰撞、火灾等事故。这种欺诈行为具有极大的社会危害性,不仅损害了保险公司的利益,也威胁到了公共安全。

2. 识别并防范欺诈手段的措施

为了有效识别并防范这些欺诈手段,我们可以采取以下措施。

加强审核:对报案信息进行细致审核,识别可疑点。如发现报案信息与实际情况存在矛盾或报案人行为异常,应进一步调查。

教育培训:加强对投保人、被保险人的诚信教育,增强其法律意识。通过宣传教育,让投保人、被保险人了解保险欺诈的危害性和法律后果,自觉抵制欺诈行为。

技术防范:利用现代科技手段,如大数据分析、人工智能等,提高欺诈识别能力。通过技术手段对报案信息进行智能分析,快速识别可疑案件并进行深入调查。

【案例】

　　某驾驶员在酒后驾车发生事故后，为了逃避法律责任，找其朋友顶替报案。然而，保险公司调查人员在处理报案时发现了诸多可疑之处。首先，报案人对事故细节的描述模糊不清，且对车辆损坏情况的了解程度不足。其次，调查人员在调取事故现场的监控录像时，发现了该驾驶员在事故发生后离开现场的身影。经过进一步调查，保险公司确认了该驾驶员酒后换驾的欺诈行为，并拒绝了其赔付要求。同时，该驾驶员也因其欺诈行为和酒后驾车行为面临法律的严惩。

第三节　欺诈识别与应对

学习目标

　　1. 全面掌握汽车保险欺诈识别的主要技术与工具，并了解其在实际操作中的应用。

　　2. 深入了解汽车保险欺诈风险的各种防范措施与策略，并学会如何在实际工作中加以实施。

　　3. 知道如何有效处理汽车保险欺诈案件，并明确相关的法律责任，以确保公司权益不受损害。

学习指导

　　1. 仔细阅读教材，确保对汽车保险欺诈识别技术有深入的理解。注意教材中给出的案例，这有助于更好地理解技术的实际应用效果。

　　2. 除了教材之外，还可以寻找相关的学术论文、行业报告等来进一步补充自己的知识，了解最新的研究进展。

　　3. 如果有机会，可以参与实际的保险欺诈调查项目，以获取第一手资料。在学习过程中，不断思考每种技术的优势和局限性，并与同学讨论这些技术，分享自己的见解和疑问，通过交流来加深理解。

　　4. 在完成每个阶段的学习后，制作思维导图笔记，整理和巩固所学的知识。

　　5. 汽车保险欺诈识别技术在不断发展，新的技术和方法不断涌现，关注行业的最新动态和研究进展，保持知识更新。

一、欺诈识别技术与工具

汽车保险欺诈的识别需要借助先进的技术与工具,以提高识别的准确性和效率。下面介绍一些主要的欺诈识别技术与工具,以及它们在实际操作中的应用。

汽车保险欺诈
的识别与防范

(一) 数据分析技术

利用数据分析技术,对汽车保险报案数据进行深度挖掘,通过算法模型识别出异常报案模式,如频繁报案、高额赔付等可疑行为。

通过数据挖掘算法,发现潜在的欺诈团伙和关联案件,为打击欺诈行为提供有力支持,实现精准打击和有效预防。

(二) 图像识别技术

使用高清摄像头和图像识别算法,对事故现场照片进行细致分析,识别出伪造或篡改的痕迹,如照片中的不一致性、合成痕迹等。

通过无人机或卫星图像,验证事故现场的真实性和损失程度,为理赔定损提供准确依据,避免虚假报案和夸大损失。

(三) 人工智能与机器学习

训练机器学习模型,自动识别可疑的报案行为和欺诈模式,提高欺诈识别的自动化水平,减少人工审核的工作量。利用自然语言处理技术,分析报案描述和单证内容,识别出矛盾和不一致之处,为欺诈调查提供线索和证据支持。

(四) 区块链技术

利用区块链的不可篡改性,验证保险交易和单证的真实性和完整性,防止欺诈行为的发生,确保数据的可信度和可追溯性。通过智能合约技术,自动执行保险赔付流程,减少人为干预和欺诈机会,提高赔付的效率和准确性。

(五) 生物识别技术

使用指纹识别、面部识别等技术,验证报案人的身份,防止冒名顶替等欺诈行为,确保报案的真实性和合法性。通过声音识别技术,分析报案电话中的语音特征,识别出潜在的欺诈行为,如语音合成、模仿等。

各种欺诈识别技术与工具的对比如表 7-3 所示。

表 7-3　欺诈识别技术与工具

技术与工具	描述	应用场景
数据分析技术	利用数据分析识别异常报案模式	识别频繁报案、高额赔付等可疑行为
图像识别技术	使用高清摄像头和图像识别算法分析事故现场照片	识别伪造或篡改的痕迹,验证损失程度
人工智能与机器学习	训练机器学习模型识别可疑报案行为和欺诈模式	自动化欺诈识别,减少人工审核工作量

续表

技术与工具	描述	应用场景
区块链技术	利用区块链的不可篡改性验证保险交易和单证	防止欺诈行为的发生,确保数据可信度和可追溯性
生物识别技术	使用指纹识别、面部识别等技术验证报案人身份	防止冒名顶替等欺诈行为,确保报案的真实性和合法性

【案例】

案例一:"听风者"项目

背景:中国太平洋保险集团在战略转型过程中推出了"听风者"项目,该项目运用人工智能和大数据技术,对车险案件进行智能分析和判断。

应用:通过图像识别技术,快速识别车险案件中的伪造或篡改照片;利用机器学习算法,对海量索赔数据进行分析,发现潜在的欺诈模式。

成效:显著提高了识别欺诈行为的准确率,降低了欺诈赔付率,为保险公司节省了大量成本。

案例二:布尔智能反欺诈解决方案

背景:布尔安全专家针对车险欺诈团伙日益专业化的问题,推出了基于人工智能的反欺诈解决方案。

应用:通过知识图谱技术创建具有多网络相关性的风险控制循环,自动锁定欺诈检测、系统标记记录、故障排除和恢复以及内外部风险实体的回溯检查。

成效:成功挖掘出多条欺诈线索,涉及数千万件索赔案件,准确率高达80%,有效补充了传统反欺诈措施的不足。

二、欺诈风险防范措施与策略

为了有效防范汽车保险欺诈,保险公司和相关部门应采取以下措施与策略,以确保业务稳健运营和客户的合法权益不受侵害。

（一）加强内部管理

建立健全内控制度,确保保险业务操作的规范性和透明度,减少内部操作风险和欺诈机会。

定期对员工进行欺诈识别和防范的培训,提高员工的警觉性和应对能力,形成全员防范欺诈的良好氛围。

（二）优化产品设计

合理设计保险产品,避免过高的赔付限额和过宽的保险责任范围,减少欺诈诱因和道德风险。

引入欺诈风险定价机制,对高风险客户或地区进行差异化定价,平衡风险与收益。

(三)强化信息共享与合作

与其他保险公司、警方、交通管理部门等建立信息共享机制,共同打击欺诈行为,实现跨行业、跨部门的协同作战。

参与行业反欺诈联盟,共享欺诈黑名单和风险防范经验,提高整个行业的反欺诈能力和水平。

(四)提升技术应用水平

不断加大研发投入,提升欺诈识别技术和工具的应用水平,保持技术领先地位和竞争优势。

利用云计算、物联网等新技术,实现保险业务的数字化和智能化管理,提高业务效率和风险防范能力。

(五)完善法律法规

推动相关法律法规的完善,加大对保险欺诈行为的惩处力度,提高欺诈成本和法律风险防范意识。

建立健全保险欺诈举报和奖励机制,鼓励公众参与欺诈防范,形成社会共治的良好局面。

欺诈风险防范措施与策略如表 7-4 所示。

表 7-4　欺诈风险防范措施与策略

防范措施与策略	描述	实施主体
加强内部管理	建立健全内控制度,提高员工警觉性	保险公司
优化产品设计	合理设计保险产品,减少欺诈诱因	保险公司
强化信息共享与合作	与其他机构建立信息共享机制,共同打击欺诈行为	保险公司、警方、交通管理部门等
提升技术应用水平	提升欺诈识别技术和工具的应用水平	保险公司、技术提供商
完善法律法规	完善相关法律法规,加大惩处力度	政府部门

三、欺诈案件处理与法律责任

一旦发现汽车保险欺诈案件,保险公司和相关部门应迅速采取行动,确保案件得到妥善处理,并依法追究欺诈者的法律责任,以维护公司权益和社会公平正义。

(一)案件调查与处理

保险公司应成立专门的欺诈调查团队,对可疑案件进行深入调查,收集并固定证据,如现场照片、维修记录、报案录音等。

根据调查结果,做出拒赔、解约或追偿等处理决定,并及时通知欺诈者,确保其了解处理结果和理由。

(二)法律责任追究

对于构成保险欺诈罪的欺诈者,依法追究其刑事责任,如判处有期徒刑、拘役等。

对于尚不构成犯罪的欺诈行为,依法给予欺诈者行政处罚,如罚款、赔偿损失等。

保险公司有权向欺诈者追偿已赔付的保险金及由此产生的利息和费用,确保其承担欺诈行为的全部成本。

(三)社会公示与警示

保险公司应将欺诈案件及处理结果向社会公示,起到警示作用,提高公众对保险欺诈的认知和防范意识。

通过媒体宣传、案例分享等方式,广泛传播欺诈案件的处理情况和法律后果,形成对潜在欺诈者的有效震慑。

欺诈案件处理流程如表7-5所示。

表7-5　欺诈案件处理流程

步骤	描述	实施主体
1	保险公司接到报案	保险公司
2	启动欺诈调查程序	保险公司欺诈调查团队
3	收集并固定证据	保险公司欺诈调查团队
4	做出处理决定(拒赔、解约、追偿等)	保险公司
5	依法追究法律责任(刑事责任、行政处罚、民事赔偿等)	保险公司、警方、法院等
6	社会公示与警示	保险公司、媒体等

【案例】

欺诈案件处理与法律责任

案例一:某车主故意制造事故骗取保险金

案情描述:某车主为了获取保险金,故意制造了一起交通事故,并向保险公司报案要求赔付。

处理过程:保险公司接到报案后,立即启动了欺诈调查程序。通过现场勘查、调取监控录像等手段,收集到了车主故意制造事故的证据。同时,保险公司还发现了车主在过去几年内多次故意制造事故骗取保险金的行为。

处理结果:保险公司依法拒绝了车主的赔付要求,并将其行为报告给了警方。最终,车主因保险欺诈罪被判处有期徒刑,并需赔偿保险公司因此产生的损失。同时,保险公司还将其欺诈行为公之于众,起到了警示作用。

案例二:修理厂虚构事故骗取保险金

案情描述:某修理厂为了获取非法利益,虚构了一起汽车事故,并向保险公司报案要求赔付。其伪造了事故现场照片、维修记录等证据,试图骗取保险金。

处理过程:保险公司接到报案后,发现该事故存在诸多疑点。经过深入调查,揭示了修理厂虚构事故、伪造证据的真相。保险公司还发现了该修理厂与其他欺诈案件有关联的线索。

处理结果:保险公司依法拒绝了修理厂的赔付要求,并将其行为报告给了相关部门。最终,修理厂因保险欺诈行为受到了严厉的行政处罚,并需赔偿保险公司因此产生的损失。同时,其声誉也受到了严重损害,业务受到了极大影响。保险公司还将其欺诈行为公之于众,起到了警示作用。

练习题

一、选择题

1. 保险公司在处理车险理赔时,是否会主动向被保险人提供现金补偿?（   ）

A. 是   B. 否

2. 车险理赔时,可否将保险责任转嫁给第三方责任人?（   ）

A. 可以   B. 不可以

3. 以下哪项不属于车险欺诈的常见手法?（   ）

A. 故意制造保险事故   B. 虚报修理费用

C. 按时缴纳保险费   D. 伪造事故现场

4. 保险欺诈的两个主要构成要件是(   )。

A. 故意行为和虚构事实   B. 过失行为和虚构事实

C. 故意行为和合法行为   D. 过失行为和合法行为

5. 以下哪项不是反保险欺诈第三道防线的一部分?（   ）

A. 董事会   B. 监事会   C. 风险管理委员会   D. 反保险欺诈小组

6. 以下哪种情况最可能引发保险公司对车险理赔的欺诈调查?（   ）

A. 车主按时续保,无历史索赔记录

B. 车辆轻微剐蹭,但索赔金额远高于实际损失

C. 车主在事故发生后立即联系保险公司并积极配合调查

D. 车辆被盗后,车主迅速提供了完整的报案材料

7. 保险公司在处理车险理赔时,哪种做法有助于防范欺诈?（   ）

A. 仅凭车主口头陈述即进行赔付

B. 不对事故现场进行勘查,直接接受车主提供的照片作为证据

C. 建立严格的理赔审核制度,对可疑案件进行深入调查

D. 不考虑第三方责任,直接对车主进行全额赔付

8. 哪种类型的车险欺诈行为通常涉及伪造事故现场？（　　）

A. 故意制造轻微碰撞以骗取小额赔付

B. 虚报被盗车辆的价值以获取高额赔付

C. 与他人串通制造虚假事故以骗取保险金

D. 在事故发生后，夸大车辆损失以获取更多赔偿

9. 在车险理赔过程中，保险公司如何识别"重复索赔"的欺诈行为？（　　）

A. 通过核对车主的银行账户流水

B. 仅依赖车主的诚信声明

C. 使用大数据和人工智能技术分析历史索赔记录

D. 询问车主的邻居或朋友以获取额外信息

10. 以下哪项不属于保险公司为防范欺诈而采取的措施？（　　）

A. 建立反欺诈部门，负责调查可疑案件

B. 对高风险地区的车辆提高保险费率

C. 与执法机构合作，共享欺诈信息

D. 定期对员工进行反欺诈培训

11. 在车险理赔中，若怀疑被保险人故意制造事故，保险公司通常会怎么做？（　　）

A. 立即拒绝赔付并终止保险合同

B. 立即赔付，但随后调查并可能追回款项

C. 深入调查，收集证据，必要时向公安机关报案

D. 忽略疑虑，按正常流程进行赔付

12. 哪种类型的车险欺诈行为可能涉及"倒签单"诈骗？（　　）

A. 故意制造事故、伪造证据以骗取保险金

B. 在事故发生后，先私下修理车辆再向保险公司索赔

C. 在事故发生后，为了获取更高赔付而伪造事故发生时间

D. 虚构被盗车辆信息以骗取保险金

13. 保险公司使用何种技术来辅助识别车险欺诈？（　　）

A. 仅依靠人工审核和判断

B. 社交媒体分析

C. 数据分析和机器学习算法

D. 面对面访谈技巧

14. 以下哪种情况可能表明车主存在欺诈嫌疑？（　　）

A. 车主在事故发生后立即联系保险公司并提供了详细的事故报告

B. 车主在事故发生时未携带驾驶证，但事后补交了相关证明

C. 车主对事故的描述与现场勘查结果明显不符

D. 车主在事故发生后选择了保险公司推荐的维修厂

15. 在车险欺诈案件中，如果保险公司发现车主与修理厂存在串通行为，通常会采取什么行动？（　　）

A. 仅对车主进行处罚，不追究修理厂责任

B. 仅对修理厂进行处罚，不追究车主责任

C. 同时对车主和修理厂进行调查，并根据调查结果采取相应法律行动

D. 忽略此情况,仅对事故本身进行赔付

二、问答题

1. 车险欺诈的常见手段有哪些?

2. 保险公司在发现疑似欺诈行为时应采取哪些应对措施?

三、填空题

1. 保险欺诈的两个构成要件是故意行为和_____。

2. 在车险理赔中,被保险人需要按照实际情况如实陈述事故责任,提供_____的证据及材料。

3. 反保险欺诈的第三道防线通常包括董事会、监事会和_____。

四、材料题

李女士驾驶车辆发生追尾事故,随后向保险公司报案。保险公司调查后发现,李女士在事故发生前曾饮酒,且事故现场制动印痕较短,车辆损坏情况较重。同时,李女士对事故经过的描述存在多处矛盾。

问题:

1. 根据材料,李女士的行为是否存在欺诈嫌疑?为什么?

2. 保险公司应如何应对李女士的疑似欺诈行为?

第七章练习题答案

第八章 汽车保险新技术与趋势

第一节 互联网＋汽车保险

学习目标

1. 全面理解互联网＋汽车保险的基本概念,深入探究其与传统汽车保险行业的区别及其对行业的影响。

2. 熟练掌握线上投保与理赔的流程,了解其在实际操作中的优势与挑战。

3. 深入了解大数据在汽车保险中的应用,掌握其如何实现精准定价以及对保险公司和消费者的意义。

4. 探究智能化服务如何提升用户体验,分析其对汽车保险行业的影响,并展望汽车保险的未来趋势。

学习指导

1. 本节内容将理论讲解与实际案例相结合,有助于全面了解互联网＋汽车保险的发展现状与前景,理解其背后的技术逻辑和商业逻辑。

2. 思考互联网技术在汽车保险领域的创新应用,探讨其对行业结构及个人消费者的潜在影响,培养创新思维和解决问题的能力。

一、互联网＋汽车保险概述

互联网＋汽车保险

(一) 互联网＋汽车保险的定义

"互联网＋汽车保险"是指利用互联网技术、平台和服务模式,对传统汽车保险行业进行深度改造和创新的一种新型保险业态。它通过互联网渠道,实现了车险产品的在线销售、报价、投保、理赔等全链条服务,极大地提升了用户体验,提高了保险服务的效率和便捷性。这一模式不仅改变了传统车险的销售和理赔方式,还通过数据分析和智能化服务,为用户提供了更加个性化、定制化的保险产品和服务。

(二) 核心理念

1. 用户体验至上

该理念强调,通过互联网技术的运用,简化投保流程,减少用户等待时间,提高理赔效率,增加服务便捷性,从而为用户带来更加优质、高效的保险服务体验。

2. 数据驱动决策

利用大数据和云计算技术,对用户行为、车辆状况、驾驶习惯等海量数据进行深度分析,以数据为基础进行风险评估和定价,实现精准营销和个性化服务。

3. 平台化运营

构建综合性的汽车保险服务平台,整合线上线下资源,为用户提供一站式保险服务。同时,通过平台化运营,实现与车企、车联网、云计算、移动互联网等主体的紧密合作,共同推动汽车保险行业的创新发展。

4. 开放合作

在互联网＋汽车保险的模式下,保险公司需要更加开放地与其他行业主体进行合作,共同探索新的业务模式和服务方式。通过跨界合作,实现资源共享、优势互补,共同推动汽车保险行业的生态发展。

(三) 技术架构

1. 基础设施层

该层次包括云计算平台、大数据存储与处理中心、网络安全设施等,为上层应用提供稳定可靠的技术支撑和安全保障。

2. 平台服务层

该层次提供用户管理、产品管理、订单管理、理赔管理等核心功能,支持在线投保、报价、理赔等业务流程。同时,通过 API 接口等方式,实现与第三方服务的无缝对接。

3. 应用层

该层次包括 PC 端网站、移动端 APP、小程序、智能设备等多种前端应用,用户可以通过这些渠道与保险公司进行交互,获取保险服务。

4. 数据层

该层次负责收集并分析用户行为数据、车辆数据、驾驶行为数据等海量信息,为精准定价、风险评估、个性化服务提供数据支持。同时,通过数据挖掘和机器学习等技术,不断优化保险产品和服务。

（四）革新作用

1. 提升投保效率

用户可以通过互联网渠道快速获取车险报价,并在线完成投保流程,大大缩短了投保周期。同时,电子保单等无纸化操作也减少了用户等待时间和保险公司的运营成本。

2. 优化理赔流程

利用数字化服务工具,用户可以在线提交理赔申请、上传照片和资料,加快理赔进度。同时,通过大数据分析和智能化处理,保险公司可以更加准确地评估损失情况,提高理赔效率和准确性。

3. 实现精准定价

通过大数据分析用户行为和风险状况,保险公司可以更加准确地评估不同用户的风险等级和需求差异,实现个性化定价。这不仅提高了保险公司的风险管理能力,还为用户提供了更加公平、合理的保费价格。

4. 推动产品创新

互联网＋汽车保险为产品创新提供了更多可能性。例如,基于驾驶行为数据的车险(UBI)可以根据用户的驾驶习惯和风险状况进行个性化定价和服务。这种新型产品的出现不仅满足了用户多样化的需求,还推动了汽车保险行业的创新发展。

5. 提升用户体验

通过简化流程、提高效率和增加服务便捷性等措施,互联网＋汽车保险显著提升了用户的整体体验。用户可以随时随地通过互联网渠道获取保险服务,享受更加便捷、高效、个性化的保险体验。

6. 促进生态建设

互联网＋汽车保险推动了汽车保险行业的生态建设。通过构建综合性的服务平台和开放合作机制,保险公司可以与车企、车联网、云计算、移动互联网等主体形成紧密的合作关系,共同为用户提供更加全面、优质的汽车保险服务。同时,这种生态建设还有助于推动汽车保险行业的标准化、规范化和可持续发展。

互联网＋汽车保险与传统汽车保险的对比分析如表 8-1 所示。

表 8-1　互联网＋汽车保险与传统汽车保险的对比分析

项目	传统汽车保险	互联网＋汽车保险
投保流程	车主通常需要亲自前往保险公司营业网点或通过保险代理人填写投保单,提供车辆信息、个人信息等,然后等待保险公司审核并出具保单。这一过程中,车主可能需要多次往返保险公司或等待代理人反馈,耗费大量时间和精力	投保流程更加便捷高效。车主只需通过保险公司官方网站、手机 APP 或第三方保险平台在线填写车辆信息和个人信息,系统即可自动生成报价和保单。整个投保过程无须车主亲自前往保险公司或等待代理人反馈,大大节省了时间和交通成本。此外,互联网＋汽车保险还提供了实时比价功能,车主可以在多个平台上轻松比对不同保险公司的报价,选择性价比最高的产品
理赔服务	理赔服务往往依赖于线下渠道。车主在出险后需要联系保险公司或代理人,提交相关理赔材料,并等待保险公司审核和赔付。这一过程可能需要耗费较长时间,且车主在理赔过程中可能会遇到各种烦琐的手续和推诿情况	通过数字化服务工具优化了理赔流程。车主在出险后可以通过 APP 上传事故现场照片和相关资料,保险公司即可在线审核并快速赔付。这一模式不仅提高了理赔效率,还减少了车主的等待时间和沟通成本。同时,互联网＋汽车保险还提供了全天候在线客服和自助查勘定损等服务,进一步提升了车主的理赔体验
定价机制	主要依赖于车辆本身的价值、使用年限、使用性质等因素,以及保险公司的经验数据和行业基准。这种定价方式相对较为单一,难以准确反映车主的个性化需求和风险状况	利用大数据和云计算技术实现了更加精准的定价机制。通过对车主的驾驶行为、车辆状况、行驶里程等海量数据进行深度分析,保险公司可以更加准确地评估车主的风险等级和需求,从而实现个性化定价。这种定价方式不仅提高了保险公司的风险管理能力,还为车主提供了更加公平、合理的保费价格。同时,基于驾驶行为数据的车险(UBI)等新型产品的出现,也为车主提供了更多选择

（五）互联网＋汽车保险的优势

便捷高效:互联网＋汽车保险通过在线投保和理赔服务,大大节省了车主的时间和交通成本,提高了整体效率。

透明公正:在线比价功能和个性化定价机制使得车主可以更加清晰地了解不同保险公司的报价和保障范围,避免了信息不对称和价格欺诈等问题。

优质服务:全天候在线客服、自助查勘定损等增值服务提升了车主的理赔体验和服务满意度。

创新驱动：互联网＋汽车保险推动了产品创新和服务模式升级，为汽车保险行业的可持续发展注入了新的动力。

二、线上投保与理赔流程

随着互联网技术的飞速发展，汽车保险的投保与理赔流程正经历着深刻的变革。线上投保平台允许消费者通过网络完成从选择保险产品到支付保费的全部流程，极大地提高了效率与便利性。消费者不再需要亲自前往保险公司或代理点，只需在电脑或手机上操作即可轻松完成投保。

【案例】

　　某知名保险公司推出了一款功能全面的 APP，用户只需几分钟即可完成投保过程。该 APP 还提供了随时查看电子保单的功能，大大节省了时间与纸质资源。此外，该 APP 提供了在线理赔服务，用户只需上传相关照片和资料即可完成理赔申请，极大地提高了理赔效率。

（一）线上投保与理赔的优势

1. 时间成本的节省

线上投保与理赔的最大优势之一在于时间成本的节省。对于投保人而言，无须再亲自前往保险公司营业网点或等待代理人的反馈，只需通过互联网平台即可轻松完成投保和理赔流程。这种即时的服务响应大大减少了等待时间，使得投保人能够更加高效地处理相关事务。

2. 服务效率的提升

线上投保与理赔通过自动化和智能化的处理流程，显著提升了服务效率。投保人可以在线填写投保信息，系统即时生成报价和保单，无须人工审核和等待。同样，在理赔过程中，投保人可以通过上传事故现场照片和相关资料，实现快速理赔，减少了烦琐的手续和沟通成本。这种高效的服务模式不仅提升了投保人的满意度，也减轻了保险公司的工作压力。

3. 用户体验的改善

线上投保与理赔为投保人带来了更加便捷、高效的服务体验。投保人可以随时随地通过互联网平台获取保险服务，不再受限于时间和空间。同时，线上平台还提供了丰富的保险产品和个性化的服务选项，使得投保人能够根据自己的需求选择最合适的保险方案。这种以用户为中心的服务模式大大改善了用户体验，增强了投保人对保险公司的信任和忠诚度。

（二）线上投保与理赔对保险公司运营的影响

1. 降低运营成本

（1）减少实体门店和人员成本。

传统保险模式需要大量实体门店和销售人员，而线上投保与理赔大大减少了这方面的需求。保险公司可以通过互联网平台直接触达客户,减少了场地租金、员工工资及培训费用等固定成本。

例如,传统保险公司的销售佣金成本可能占到保费收入的15%左右,而线上模式通过减少中间环节,可以显著降低这部分成本。

(2)降低营销和推广费用。

线上平台具有广泛的覆盖面和高效的传播速度,保险公司可以通过社交媒体、搜索引擎优化、内容营销等方式进行精准营销,降低广告费用支出。相较于传统的大规模广告投放,线上营销更加灵活且成本可控。

(3)提高运营效率。

线上投保与理赔流程自动化程度高,减少了人工干预和纸质文档处理环节,提高了业务处理速度和准确性。

保险公司可以通过大数据和人工智能技术优化服务流程,提高运营效率并降低运营成本。

2. 优化资源配置

(1)集中资源于核心业务。

线上模式使得保险公司能够将更多资源集中在产品开发、风险管理和客户服务等核心业务上,而不是分散在庞大的销售网络和日常运营中。这有助于提升保险公司的核心竞争力并降低不必要的运营成本。

(2)提升数据处理和分析能力。

线上平台积累了大量用户数据和行为信息,保险公司可以对这些数据进行深度挖掘和分析,优化产品设计、定价策略和客户服务方案。

通过提高数据处理和分析能力,保险公司可以更精准地把握市场需求和客户需求的变化,降低运营成本并提高盈利能力。

3. 拓展市场渠道和客户群体

(1)突破地域限制。

线上投保与理赔打破了传统保险业务的地域限制,使得保险公司能够覆盖更广泛的客户群体和市场区域。这有助于保险公司拓展市场并提高品牌知名度,进一步降低单位运营成本。

(2)吸引年轻客户群体。

年轻一代更倾向于通过互联网渠道获取保险产品和服务。线上投保与理赔的便捷性和高效性能够吸引这部分客户群体成为保险公司的忠实用户。

通过吸引年轻客户群体并满足其个性化需求,保险公司可以降低客户获取成本并提高客户留存率。

(三)线上投保与理赔对保险公司服务质量的影响

1. 提升服务效率

(1)即时响应与快速处理。

线上投保与理赔通过自动化和智能化的处理流程,实现了即时响应和快速处理。投保人可以在任何时间、任何地点通过互联网平台完成投保和理赔流程,大大缩短了等待时间。同时,保险公司可以迅速审核和处理理赔申请,提高了服务效率。

（2）减少人工干预。

线上模式减少了人工审核和纸质文档处理环节,降低了人为错误和延误的可能性。智能核保、自动理赔等技术的应用,使得保险公司能够更快速、更准确地处理业务,提高了整体服务效率。

2. 优化用户体验

（1）便捷性与灵活性。

线上投保与理赔为投保人提供了更加便捷、灵活的服务体验。投保人无须亲自前往保险公司营业网点或等待代理人的反馈,只需通过互联网平台即可轻松完成相关操作。这种即时的服务响应满足了现代人快节奏生活的需求。

（2）个性化服务。

线上平台可以收集和分析大量用户数据,帮助保险公司了解客户的需求和偏好,从而提供更加个性化的服务。例如,根据客户的年龄、职业、健康状况等因素推荐适合的保险产品,或者提供定制化的理赔解决方案。

3. 增强透明度与信任度

（1）信息透明。

线上投保与理赔过程中,投保人可以随时查看投保信息、理赔进度等关键信息,增强了信息的透明度。信息透明度的提升有助于建立投保人对保险公司的信任感,提高客户满意度。

（2）公开评价。

线上平台通常允许投保人对保险公司的服务进行评价和反馈。这些公开评价不仅可以帮助其他潜在客户了解保险公司的服务质量,还可以促使保险公司不断改进服务以满足客户需求。

4. 推动服务创新

（1）技术应用。

线上投保与理赔为保险公司提供了应用新技术、新模式的广阔空间。例如,利用大数据、人工智能等技术优化服务流程、提高服务效率;通过区块链技术确保数据的安全性和不可篡改性;开发移动应用、智能客服等新型服务渠道提升客户体验。

（2）产品创新。

线上模式使得保险公司能够更灵活地设计和推广新产品。通过收集和分析线上用户数据,保险公司可以发现新的市场需求和趋势,并据此开发出更符合市场需求的保险产品。

（四）线上投保与理赔对投保人满意度的影响

1. 增强可控性

投保人可以通过线上平台自主完成投保和理赔操作,无须过多依赖保险公司或代理人。这种自主操作的方式能让投保人感到自己对整个流程更具有掌控力,从而提升满意度。

2. 个性化服务与体验

（1）定制化推荐。

线上平台通过收集和分析投保人数据，可以为其推荐更加个性化的保险产品。这种定制化推荐能够满足投保人的特定需求，提升其对保险产品的满意度。

（2）优化交互体验。

保险公司可以不断优化线上平台的交互设计，使其更加友好、易用。良好的交互体验能够降低投保人的操作难度和错误率，提升其使用满意度。

（五）挑战与应对

然而，线上投保与理赔也面临一些挑战，这些挑战可能影响投保人的满意度。

（1）信息安全。

线上投保与理赔涉及大量个人敏感信息的传输和存储，如果信息安全得不到保障，将严重影响投保人的满意度。因此，保险公司需要加强网络安全建设，确保投保人个人信息的安全性。

（2）理赔争议。

在某些情况下，线上理赔可能会出现争议或纠纷。为了提升投保人满意度，保险公司需要建立完善的理赔争议解决机制，确保公正、公平地处理每一起理赔案件。

（3）教育与引导。

部分投保人对线上投保与理赔流程不熟悉，可能导致操作困难或误解。保险公司需要加强客户教育和引导工作，提供清晰的操作指南和咨询服务，帮助投保人更好地理解和使用线上平台。

（六）线上理赔流程

1. 在线报案

报案平台：当事人在交通事故发生后，可以通过保险公司指定的网上平台或手机应用（如保险公司的 APP、小程序等）进行报案。

提供信息：报案时，当事人需要提供相关事故信息，如事故发生的时间、地点、参与方信息等。同时，还需要上传事故现场的照片或视频等证据材料，以便保险公司进行初步调查。

2. 上传理赔材料

（1）材料准备：当事人需要准备并上传一系列理赔材料，包括但不限于以下方面。

- 保险单凭证；
- 被保险人出具的索赔申请书；
- 被保险人和受害人的有效身份证明；
- 被保险机动车行驶证和驾驶人的驾驶证；
- 公安交管部门出具的交通事故认定书或人民法院出具的有关法律文书；
- 医疗费用清单、诊断证明、收入损失证明等相关医疗和经济损失证明。

（2）材料提交：所有材料都需要以电子形式提交到保险公司指定的平台或邮箱，确保信息的准确性和完整性。

3. 远程查勘

远程查勘是线上理赔流程中的一个重要环节,它利用现代通信技术,如视频通话、图像识别等,使查勘员无须亲临现场即可完成事故损失情况的调查与确认。以下是对远程查勘过程的详细描述。

(1) 发起远程查勘请求。

当事故发生后,车主通过保险公司的线上平台(如 APP、小程序、官网等)或拨打客服电话报案。保险公司接到报案后,会根据事故情况和保险条款判断是否适用远程查勘。对于符合远程查勘条件的案件,保险公司会向车主发起远程查勘请求,并告知车主如何进行后续操作。

(2) 建立远程查勘连接。

车主同意远程查勘后,根据保险公司的指引,通过视频通话软件(如保险公司的专用APP、微信等)与查勘员建立连接。在视频通话过程中,车主需要确保手机或摄像头能够清晰拍摄到事故车辆及现场情况。

(3) 远程查勘操作。

查勘员通过视频通话指导车主进行查勘操作,包括拍摄事故车辆不同角度的照片、视频,以及展示受损部位等。查勘员会询问车主关于事故的详细情况,如事故时间、地点、经过等,以便更全面地了解事故情况。

在一些先进的远程查勘系统中,还可以利用 OCR(光学字符识别)技术智能识别比对车主上传的证件信息和事故现场图片或视频中的特定物体特征,确保出险案件的真实性。

(4) 远程查勘记录与评估。

查勘员在视频通话过程中会详细记录事故车辆的受损情况,包括受损部位、受损程度等。

根据车主提供的信息和远程查勘记录,查勘员会初步评估事故损失情况,并与车主进行确认。

(5) 后续处理。

远程查勘完成后,查勘员会将查勘记录和相关材料提交给保险公司进行后续处理。保险公司会根据查勘结果和保险条款进行定损、理赔等操作。

注意事项

1. 远程查勘过程中,车主需要保持手机或摄像头稳定,确保拍摄的画面清晰可辨。

2. 车主应如实提供事故信息和配合查勘员的指导,以便顺利完成远程查勘。

3. 在某些特殊情况下,如事故现场复杂、损失严重或存在争议等,保险公司可能会要求车主提供现场照片、视频或其他证据材料,并可能安排查勘员赶赴现场进行实地查勘。

4. 定损

初步定损:在远程查勘或收集到足够的理赔材料后,保险公司会进行初步定损,评估事故造成的损失范围和价值。

核价核损：对于复杂的案件，保险公司可能会进一步核实损失情况，包括与第三方评估机构合作进行核价核损。

5. 赔付

赔偿协议：在定损完成后，保险公司会与当事人达成赔偿协议，明确赔偿总额、支付方式及日期等细节。

支付赔款：一旦双方达成赔偿协议，保险公司会通过网上支付平台向当事人支付赔偿款项。当事人只需提供自己的银行账户信息，即可方便快捷地收到赔偿款。

三、大数据与精准定价

大数据技术使得保险公司能够收集并分析海量数据，包括驾驶习惯、车辆状况、地理环境、历史赔付记录等多维度信息。通过对这些数据的深度挖掘和分析，保险公司能够更准确地评估风险，从而实现更精准的保费定价。这不仅提高了保险公司的风险管理能力，也为消费者提供了更加个性化的保险方案。

（一）大数据的基本概念

1. 定义

大数据（big data）是指无法在一定时间范围内用常规软件工具进行捕捉、管理和处理的数据集合，是需要新的处理模式才能具有更强的决策力、洞察力和流程优化能力的海量、高增长率和多样化的信息资产。大数据的特点通常被概括为 5V：volume（大量）、velocity（高速）、variety（多样）、value（价值）、veracity（真实性）。

2. 大数据的数据来源

大数据的数据来源非常广泛，主要包括以下几个方面。

交易数据：如 POS 机数据、信用卡刷卡数据、购物车数据、库存数据等，这些数据来自企业和消费者的交易活动。

互联网数据：通过搜索引擎、社交媒体、新闻网站等渠道收集，包括用户搜索历史、网页浏览记录、社交媒体上的评论和分享等。

移动设备数据：通过智能手机、GPS 定位系统和其他移动设备收集，包括用户位置信息、移动轨迹、消费记录等。

传感器数据：通过各种传感器设备收集，如智能家用电器、智能温度控制器、智能照明等，数据包括设备状态、使用情况等。

视频和音频数据：包括监控视频、电视节目、音频记录等，这些数据可用于人脸识别、语音识别等应用。

数据库数据：各个企业和组织内部的业务数据，如客户信息、销售数据、财务数据等，这些数据可以通过爬虫技术或其他技术获取。

汽车保险领域的大数据还包括车主的基本信息、车辆信息、行驶数据、理赔数据、维修数据、道路状况数据、天气状况数据等。

（二）大数据在汽车保险中的应用

大数据在汽车保险中的应用广泛且深入，主要体现在以下几个方面。

1. 风险细分

通过分析车主的基本信息(如年龄、性别、驾驶习惯)、车辆信息(如车型、使用年限、保养状况)、行驶数据(如行驶里程、行驶路线、驾驶速度)等,保险公司可以对车主的风险等级进行更细致的划分。

例如,对于经常夜间行驶或在高风险路段行驶的车主,保险公司可以将其归为高风险群体,从而在定价时考虑更高的保费。

2. 价格优化

大数据分析使得保险公司能够更准确地评估每位车主的风险水平,从而实现个性化定价。

通过机器学习算法,保险公司可以根据历史理赔数据和当前市场情况,预测不同车主的风险成本,并据此制定更加合理的保费价格。

这种基于大数据的定价策略不仅提高了保费的公平性,还有助于保险公司吸引更多低风险客户,降低整体赔付成本。

大数据技术在汽车保险中的应用如表 8-2 所示。

表 8-2　大数据技术在汽车保险中的应用

因素	数据量	分析深度	影响程度
驾驶习惯	高	深	高
车辆状况	中	中	中
地理环境	中	中	中
历史赔付记录	高	深	高

假设一家保险公司通过大数据分析发现,某类车型的驾驶者在城市拥堵路段行驶时的事故率明显高于其他路段。基于这一发现,保险公司可以针对这类车型和常在这类路段行驶的驾驶者设置更高的保费。同时,对于安装了先进驾驶辅助系统(如自动紧急制动、车道保持辅助等)的同类车型,由于其事故率相对较低,保险公司可以给予一定的保费优惠。这样既能体现保费的公平性,又能鼓励车主采取更安全的驾驶行为。

【案例】

案例一:风险评估与精准定价

美国前进保险公司(Progressive Insurance)利用车联网设备收集驾驶者的驾驶时间、地点、速度、急刹车等驾驶数据,通过分析这些数据来判断驾驶行为中存在的风险,并据此设计个性化的 UBI(基于使用的保险,usage based insurance)车险产品。这种个性化定价方式使得保费更加公平合理,高风险驾驶者需要支付更高的保费,低风险驾驶者则能享受较低的保费。

案例二:欺诈检测

美国好事达保险公司通过大数据分析识别欺诈规律,从而大幅减少欺诈理赔支出。该公司整合理赔数据、理赔人数据、网络数据和揭发者数据,利用算法自动处理可疑理赔请求,并将高风险案件交由特别调查部门人工审阅。这一过程显著提高了欺诈检测的准确性和效率,帮助公司减少了欺诈理赔支出。

案例三:理赔效率提升

美国前进保险公司在发现理赔周期变短,理赔费用也随之减少的规律后,投资三千多万美元建设"自动理赔管理系统"。该系统通过自动化处理理赔流程,大大缩短了理赔周期,从行业平均的 42 天缩短到仅需 6 天。这不仅提高了理赔效率,还显著提升了客户满意度,降低了客户流失率,提高了续保率。

案例四:个性化服务与产品创新

英国英杰华保险针对年轻司机保费过高的问题,开发了基于驾驶行为的驾驶风险预测模型,实现了个性化定价。该公司通过收集客户个人信息、车辆信息、使用情况、驾驶历史等数据,并利用车载设备和手机 APP 监控驾驶行为,分析风险后进行定价。这种个性化服务不仅改善了驾驶者的驾驶习惯,还降低了公司成本,提高了客户满意度。

案例五:按驾驶里程收费(pay-as-you-drive,PAYD)

Metromile 公司利用汽车监控设备实现了按驾驶里程收费的保险模式。客户只需每月支付一定的固定费用,再加上根据实际行驶里程计算的费用。这种定价模式特别适用于行驶量不大的驾驶者,能够显著降低他们的保费支出。该产品自 2012 年推出以来,已被数千位美国客户使用,平均可为年行驶里程在 10 000 英里的驾驶者节省 40% 的费用。

案例六:增值服务与新型商业解决方案

一些保险公司不仅提供基础的保险服务,还通过大数据分析为客户提供增值服务和新型商业解决方案。例如,英国的 Insure the Box 公司提供车辆盗窃找回及事故援助服务。该公司将装有 GPS、运动传感器、SIM 卡和电脑软件的盒子安装在汽车上,通过 GPS 技术追踪定位失窃车辆,并在检测到车辆撞击或意外事故时及时联系客户,提供紧急救援服务。这种增值服务不仅提升了客户满意度,还增强了保险公司的市场竞争力。

案例七:跨行业合作与数据共享

除了保险公司内部的数据积累和分析外,跨行业合作和数据共享也是大数据在汽车保险中应用的重要趋势。例如,美国起亚汽车与谷歌合作,将谷歌地图和谷歌 Places 整合在其远程信息技术系统中,为驾驶者提供导航、车况检测与诊断等多种服务。这种合作不仅丰富了驾驶者的驾驶体验,还为保险公司提供了更多关于驾驶者行为和车辆状况的数据,有助于更准确地评估风险和制定保费策略。

案例八:中国市场的实践

一些保险公司开始尝试利用车主的驾驶行为数据(如急加速、急刹车、超速等)来评估风险并调整保费。同时,一些互联网企业和科技公司也通过跨界合作进入汽车保险领域,利用自身在大数据和人工智能技术方面的优势推动汽车保险产品创新和服务升级。

3. 挑战与应对策略

(1)挑战。

数据隐私与安全问题:大数据定价模型涉及大量敏感信息的收集和处理,可能引发隐私泄露和安全风险。

数据质量与完整性:数据质量直接影响风险评估和定价的准确性。在实际应用中,保险公司可能面临数据缺失、错误或不一致等问题,需要投入大量资源进行数据清洗和验证。

技术与人才短缺:大数据定价模型需要先进的数据处理和分析技术,以及具备相关技能的专业人才。对于部分保险公司而言,可能存在技术和人才短缺的问题。

(2)应对策略。

加强数据保护:保险公司应建立完善的数据保护机制,包括数据加密、访问控制、审计追踪等措施,确保客户数据的安全性和隐私性。同时,加强员工培训,提高员工的数据保护意识。

提升数据质量:在数据收集和处理过程中,保险公司应注重数据质量的提升。通过制定严格的数据标准和规范,加强数据清洗和验证工作,确保数据的准确性和完整性。此外,还可以利用外部数据源进行补充和验证,提高数据的全面性和可靠性。

加大技术与人才投入:保险公司应加大在大数据技术和人才方面的投入,引进先进的数据处理和分析工具,培养或引进具备相关技能的专业人才。同时,加强内部培训和技术交流,提升员工的技术水平和应用能力。

合规经营:在利用大数据进行定价时,保险公司应严格遵守相关法律法规和监管要求,确保数据使用的合法性和合规性。建立健全合规管理体系,加强合规培训和监督检查,避免因违规操作而引发法律风险和声誉风险。

【案例】

一家领先的保险公司利用大数据技术,对驾驶者的行驶里程、平均速度、急刹车频率等驾驶习惯进行了深入分析。结果发现,行驶里程较少、驾驶习惯较好的驾驶者出险率较低。因此,该公司为这类驾驶者提供了更加优惠的保费,吸引了大量优质客户。

四、智能化服务与用户体验

智能化服务,如 AI 客服、自动驾驶汽车的保险产品设计、基于物联网的车辆监控等,正逐步成为提升用户体验的关键。AI 客服能够 24 小时不间断地提供服务,解答用户的疑问;自动驾驶汽车的保险产品设计则更加关注车辆的安全性能和自动驾驶技术的成熟度;基于物联网的车辆监控则能够实时获取车辆的运行状况,为保险公司提供更加准确的风险评估依据。

(一)智能化服务如何提升用户体验

1. 服务响应速度

即时报案:通过智能手机 APP 或车载设备,车主可以立即报案并上传事故现场照片,实现"7×24 小时"自助报案,大大缩短了报案时间。

快速定损:利用 AI 图像识别技术,保险公司可以快速分析照片,初步判断车辆损失程度,加快定损流程。

智能理赔:结合 OCR(光学字符识别)技术,系统自动识别和提取理赔资料中的关键信息,减少人工录入时间,加快理赔处理速度。

2. 个性化程度

定制化保险方案：基于车主的驾驶习惯、车辆信息、历史出险记录等数据，智能推荐最适合车主的保险方案，满足个性化需求。

动态保费调整：根据车主的实时驾驶行为，如安全驾驶记录等，动态调整保费，鼓励安全驾驶。

个性化服务推送：通过大数据分析，向车主推送与其驾驶习惯相关的安全提示、保养建议等个性化信息。

3. 用户满意度

简化流程：智能化服务减少了烦琐的手续和等待时间，让理赔过程更加顺畅，提高了用户满意度。

透明化：用户可以通过 APP 实时查看理赔进度，了解赔付金额和依据，增强对保险公司的信任感。

高效沟通：通过视频通话、在线聊天等方式，用户与理赔人员可即时沟通，解决问题更加高效。

（二）对保险公司品牌形象和用户忠诚度的影响

1. 品牌形象

专业形象：智能化服务展现了保险公司的技术实力和创新能力，提升了公司的专业形象。

服务质量：快速响应、高效理赔和个性化服务提升了用户对保险公司的满意度，进而增强了品牌形象。

社会声誉：通过智能风控模型减少"碰瓷"等欺诈行为，维护了社会公平正义，提升了保险公司的社会声誉。

2. 用户忠诚度

持续使用：高效、便捷的理赔服务让用户更愿意继续使用同一家保险公司的产品，形成用户黏性。

口碑传播：满意的用户会向亲朋好友推荐，形成良好的口碑效应，吸引更多新客户。

续签意愿：良好的理赔体验和个性化服务增强了用户的续签意愿，提高了保险公司的续保率。

（三）未来趋势展望

随着 5G、物联网、区块链等技术的不断成熟和发展，汽车保险将更加智能化、个性化。从产品设计到理赔服务的全链条都将得到优化和升级，例如，基于使用时间的保险、共享汽车保险等新型保险模式将逐渐崭露头角。

自动驾驶汽车的普及将催生新的保险需求。保险公司需要不断创新和调整自身的业务模式和产品设计，以适应自动驾驶时代的需求。

此外,人工智能在汽车保险领域的应用不仅将深刻改变汽车保险行业的运作模式,还将极大地提升车主的保险体验和满意度。

1. 数字化与智能化深度融合

随着大数据、云计算、物联网、移动互联网和人工智能(AI)等技术的飞速发展,汽车保险行业将越来越依赖数字化和智能化手段。保险公司将能够通过收集和分析海量的驾驶数据,实现更精准的风险评估和个性化的保险方案设计。这种基于大数据的精准分析将使保险产品更加符合车主的实际需求,同时降低保险公司的运营成本。

2. 个性化与差异化服务

未来的汽车保险将更加注重个性化和差异化服务。保险公司将根据不同车主的驾驶习惯、车辆类型、历史理赔记录等因素,提供更加符合其个性化需求的保险产品。例如,对于驾驶习惯良好的车主,保险公司可以提供更低的保费;而对于高风险车主,则可能通过提供额外的增值服务来平衡风险。此外,针对不同地区、不同年龄段、不同车型的消费者,保险公司也将提供差异化的保险方案,以满足多样化的市场需求。

3. 智能化的理赔流程

智能化的理赔流程将大大提高理赔效率和客户满意度。通过引入人工智能和物联网技术,保险公司可以实现在线报案、智能查勘、快速定损和即时赔付等功能。车主在事故发生后,可以通过手机 APP 等渠道快速上传事故照片和相关信息,保险公司则利用智能算法快速评估损失并给出赔付方案。这种智能化的理赔方式不仅简化了理赔流程,还降低了理赔成本,提高了理赔效率。

4. 绿色环保与可持续发展

随着大众环保意识的提高,汽车保险行业也将更加注重绿色出行和可持续发展。保险公司将积极推广新能源汽车保险、节能减排保险等环保产品,鼓励车主选择环保出行方式。同时,保险公司还将更加关注车辆的环保性能,对高排放、高污染的车辆收取更高的保费。这种差异化的保费政策将有助于推动汽车行业的绿色转型和可持续发展。

5. 跨界合作与多元化发展

未来的汽车保险行业还将呈现跨界合作和多元化发展的趋势。保险公司将与电商平台合作,推出跨界保险产品,如电商物流保险、汽车后市场服务等。此外,保险公司还可以针对特定人群推出定制化的保险服务,如女性车险、老年人车险等。这种跨界合作和多元化发展的策略将有助于保险公司拓展业务领域,提高市场竞争力。

6. 政策支持与监管加强

在政策支持方面,政府将继续出台相关政策以推动汽车保险行业的智能化发展。例如,扩大商业车险自主定价系数浮动范围、加强车险费用管理等措施将有助于提高保险公司的定价自主权和运营效率。同时,监管部门也将加强对车险市场的监管力度,规范市场秩序,降低行业综合成本率。政策支持和监管加强将有助于推动汽车保险行业的健康发展。

第二节　新能源汽车保险

新能源汽车保险

学习目标

1. 理解新能源汽车保险的独特性及其与传统车险的区别。
2. 掌握新能源汽车专属保险产品与服务的具体内容及其设计思路。
3. 识别新能源汽车保险面临的主要技术挑战,并探讨相应的解决方案。
4. 通过案例分析,加深对新能源汽车保险实践应用的理解。

学习指导

新能源汽车作为未来汽车行业的重要发展方向,其保险领域面临着前所未有的变革。本节内容将从新能源汽车的特性出发,探讨其保险需求、产品设计、技术挑战及应对策略,帮助学生全面理解并掌握新能源汽车保险的核心知识。

一、新能源汽车保险特点

(一)车辆特性差异

电池成本高:新能源汽车的电池成本占车辆总成本比例较高,一旦发生损坏或事故,维修成本巨大。

续航里程焦虑:电池续航能力直接影响车辆使用效果,制定保险政策时需考虑电池衰减、充电设施故障等因素。

环保特性:新能源汽车减少了尾气排放,对环保有利,但也可能面临新的环境责任风险。

新能源汽车与传统燃油车的对比如表 8-3 所示。

表 8-3　新能源汽车与传统燃油车的对比

特性对比	传统燃油车	新能源汽车
成本构成	发动机、变速器	电池、电机、电控
维修成本	较低	电池维修/更换昂贵
环保性	排放尾气	低排放/零排放

(二)保险需求变化

绿色消费理念的普及:随着大众环保意识的增强,消费者越来越倾向于选择绿色、低碳的保险产品。新能源汽车保险作为绿色消费的重要组成部分，其市场需求将持续增长。

智能化服务需求的提升：新能源汽车车主对智能化服务的需求日益迫切。他们期望通过智能手机、车载智能设备等终端实时掌握车辆状态，享受便捷的保险服务。保险公司需顺应这一趋势，加快智能化服务体系的建设。

【案例】

某新能源汽车保险公司电池损失险成功理赔案例

背景：张先生驾驶的新能源汽车在一次交通事故中受损，电池组严重损坏。由于购买了新能源汽车专属的电池损失险，张先生向保险公司提出了理赔申请。

处理过程：

报案与查勘：张先生通过保险公司 APP 在线报案，并提交事故现场照片和车辆信息。保险公司迅速安排专业人员前往现场进行查勘，确认电池损坏情况。

价值评估：保险公司利用电池价值评估系统，结合张先生的车辆型号、使用年限、行驶里程等数据，对电池剩余价值进行了准确评估。

理赔赔付：根据评估结果和保险条款，保险公司迅速完成了理赔赔付流程，为张先生提供了电池更换服务，并额外提供了电池保养建议。

总结：本案例展示了新能源汽车保险在应对电池损失风险方面的有效性和高效性。通过专属保险产品和智能化服务，保险公司能够迅速响应车主需求，提供精准的风险保障和优质的理赔服务。

二、专属保险产品与服务

（一）定制化保险产品

电池延长保修计划：针对电池性能衰减问题，保险公司可推出电池延长保修计划。该计划可根据电池的实际使用情况为车主提供个性化的保修服务，确保电池在长期使用过程中保持最佳性能。

充电无忧保障计划：针对充电过程中的各种风险（如充电站故障、充电时间延误等），保险公司可推出充电无忧保障计划。该计划旨在为车主提供全方位的充电保障服务，确保充电过程的安全与便捷。

定制化保险产品还包括以下类型。

外部电网故障损失保险：保障因外部电网故障导致的车辆损失。

自用充电桩损失保险：保障自用充电桩因自然灾害、意外事故、被盗窃或遭他人损坏等造成的损失。

自用充电桩责任保险：在保险期间内，因自用充电桩造成第三者人身伤亡或财产损失，依法应由被保险人承担的损害赔偿责任，保险人按保险合同的约定负责赔偿。

新能源汽车增值服务特约条款：根据新能源汽车特别修订的增值服务，可能包括道路救援、充电服务、电池检测等。

此外，还有一些非专属但适用于新能源汽车的附加险，如绝对免赔率特约条款、车轮单独损失险、新增加设备损失险、车身划痕损失险、修理期间费用补偿险、车上货物责任险、精神损害抚慰金责任险、法定节假日限额翻倍险、医保外医疗费用责任险等。这些附加险虽然并非新能源汽车专属，但也能为新能源汽车提供更全面的保障。

总的来说，新能源汽车的专属保险产品覆盖了车辆损失、第三者责任、车上人员责任以及新能源汽车特有的风险等多个方面，为新能源汽车车主提供了更加全面和个性化的保障选择。

（二）智能化增值服务

智能诊断与预警系统：利用车联网技术和大数据分析能力，保险公司可建立智能诊断与预警系统。该系统可实时监测车辆状态、预测潜在故障并提前发出预警信号，帮助车主及时采取措施避免事故发生。

绿色出行奖励计划：为鼓励绿色出行行为，保险公司可推出绿色出行奖励计划。该计划可根据车主的行驶里程、充电次数等绿色出行指标给予相应的积分奖励或现金返还等。

（三）新能源汽车保险的保费

新能源汽车保险的保费并非固定不变，而是受到多种因素的影响。

1. 保费范围

一般来说，新能源汽车的年保险费用在 3000 至 6000 元之间，但这个范围可以扩展到 7000 至 9000 元，特别是对于高端车型。具体保费需要根据车型、购车价格、保险种类、出险记录以及车主的实际需求和保险公司提供的报价来确定。

2. 交强险费用

交强险是国家强制要求购买的，其费用较为固定。对于 5 座新能源汽车，第一年的交强险费用约为 950 元，之后逐年递减。例如，第二年可能优惠 10%，第三年优惠 20% 等，直到达到最低保费标准。对于 6 至 8 座的新能源汽车，第一年的交强险费用可能会稍高一些，约为 1100 元。

3. 商业险费用

商业险包括车损险、第三者责任险、盗抢险等多种险种，费用范围较广。以车损险为例，其费用大约是基本保费加上裸车价的 1.08%（具体比例可能因保险公司和车型而异）。第三者责任险的费用则取决于保额，一般来说，50 万元保额的第三者责任险费用大约是 1200 元（同样，具体费用可能因保险公司和车型而异）。

4. 具体车型保费示例

以市场上的一些热销车型为例：

比亚迪唐 DM-i 新车第一年的保费约为 5500 元。

比亚迪海豚新车第一年的保费约为 3500 元。

特斯拉 Model 3 标准续航版新车第一年的保费约为 9000 元。

5. 影响保费的因素

车型与价格：高端车型由于价值较高，其保险费用也相应较高。

保险种类与保额：选择更多的险种和更高的保额会增加保费。

出险记录：有出险记录的车辆在续保时可能会面临保费上涨。

地区差异：不同地区的保险公司可能有不同的报价策略。

保险公司优惠：保险公司可能会提供续保折扣、首次购买折扣等优惠，这些也会影响保费。

（四）提供新能源汽车保险的保险公司

1. 中国人民财产保险股份有限公司（PICC P&C）

中国人民财产保险股份有限公司简称中国人保财险，是中国人民保险集团股份有限公司（PICC）的核心成员和标志性主业，是历史悠久、业务规模大、综合实力强的大型国有财产保险公司。其保费规模稳居亚洲财险市场第一，并跃居全球领先保险集团单一子公司品牌首位。

2. 中国太平洋保险（集团）股份有限公司

中国太平洋保险（集团）股份有限公司简称中国太平洋保险，是国内领先的综合性保险集团，通过覆盖全国的营销网络和多元化服务平台，为全国广大客户提供全方位的风险保障解决方案、投资理财和资产管理服务。

3. 中国平安保险（集团）股份有限公司

中国平安保险（集团）股份有限公司简称中国平安，是中国第一家股份制保险企业，已发展成为融保险、银行、投资三大主营业务为一体，核心金融与互联网金融业务并行发展的个人金融生活服务集团之一。

4. 阳光保险集团股份有限公司

阳光保险集团股份有限公司是中国 500 强、中国服务业 100 强企业，成立 3 年即跻身七大保险集团，是全球市场化企业中成长最快的公司之一。旗下拥有财产保险、人寿保险、信用保证保险、资产管理等多家专业子公司。

5. 华泰保险集团股份有限公司

华泰保险集团股份有限公司旗下拥有华泰财产保险有限公司（简称华泰财险）等子公司，华泰财险是全国性财产保险公司，经营范围涵盖财产损失险、责任险、水险、意外伤害险、健康险等多种保险业务。

6. 中国人寿保险股份有限公司

中国人寿保险股份有限公司是中国最大的寿险公司，总部位于北京，是世界 500 强和中国品牌 500 强企业。其前身是成立于 1949 年的中国人民保险公司，拥有悠久的历史和雄厚的实力。

7. 中国大地财产保险股份有限公司

中国大地财产保险股份有限公司是经国务院同意，原中国银保监会批准成立的全国性财产保险公司,是中国再保险集团公司旗下唯一的直保财险公司,以理赔效率高、服务优质著称。

8. 深圳比亚迪财产保险有限公司

深圳比亚迪财产保险有限公司(简称比亚迪财险)的前身是易安财产保险股份有限公司(简称易安财险),2023年,比亚迪汽车工业有限公司成功受让易安财险100%股权,随后将其更名为比亚迪财险,并获批开展机动车保险业务。比亚迪财险的加入为新能源汽车保险市场带来了新的发展机遇。

此外,中华保险、天安产险、众诚保险、亚太财险、三星财险等多家保险公司也提供新能源汽车保险服务,推出了新能源汽车专属保险产品,为新能源汽车车主提供更加全面的保障。

三、技术挑战与解决方案

(一)技术挑战

1. 数据收集与分析

新能源汽车运行数据复杂多样,包括电池状态、充电记录、行驶轨迹等,如何高效收集并分析这些数据以支持风险评估和定价成为保险公司的难题。

不同数据分析方法的应用场景如表8-4所示。

表8-4 数据分析方法的应用场景

数据来源	数据分析方法	应用场景
电池状态	机器学习算法	电池寿命评估、故障预警
充电记录	统计分析	充电行为分析、充电站优化
行驶轨迹	路径规划算法	风险路段识别、保费调整

2. 电池价值评估

电池价值随时间、使用情况和市场变化而波动,如何准确评估电池剩余价值成为难题。

(二)解决方案

1. 加强数据共享与合作

(1)建立数据共享平台。

政府引导:政府可以发挥主导作用,推动建立新能源汽车保险数据共享平台。该平台可以整合汽车制造商、电池供应商、充电运营商、维修服务商以及保险公司等多方数据资源,实现数据的互联互通。

行业协会推动:行业协会可以制定相关标准和规范,引导企业积极参与数据共享,促进数据资源的有效利用。

（2）加强数据安全保护。

数据加密：在数据传输和存储过程中采用先进的加密技术，确保数据的安全性。

权限控制：明确数据使用权限和责任主体，实施严格的权限控制机制，防止数据泄露和滥用。

合规性审查：定期对数据共享活动进行合规性审查，确保数据共享活动符合相关法律法规的要求。

2. 优化风险评估模型

（1）引入先进算法。

机器学习：利用机器学习算法对新能源汽车的出险特征进行深入挖掘和分析，发现潜在的风险点和规律。

深度学习：通过深度学习技术构建复杂的风险评估模型，提高风险评估的准确性和可靠性。

（2）定期更新模型。

跟踪技术发展：密切关注新能源汽车技术的发展动态和市场变化，及时调整风险评估模型的参数和算法。

数据反馈：利用实际赔付数据对风险评估模型进行验证和调整，确保模型能够准确反映新能源汽车的风险特征。

3. 推动技术创新与应用

（1）加大研发投入。

资金支持：政府和企业可以共同投入资金，用于新能源汽车保险技术的研发和创新。

人才培养：加强相关领域的人才培养和引进工作，为技术创新提供有力的人才保障。

（2）探索应用场景。

智能诊断与预警系统：利用物联网和大数据技术构建智能诊断与预警系统，实时监测车辆状态并预测潜在故障。

在线理赔服务：开发便捷的在线理赔服务平台，实现报案、查勘、定损、理赔等流程的线上化操作。

绿色出行奖励计划：结合新能源汽车的环保特性推出绿色出行奖励计划，鼓励车主绿色出行并降低保险成本。

4. 完善监管政策与标准

（1）制定行业标准。

数据标准：制定新能源汽车保险数据收集、处理、分析和应用的标准和规范。

产品标准：明确新能源汽车保险产品的保障范围、费率厘定、理赔流程等标准。

（2）加强监管力度。

市场监管：加强对新能源汽车保险市场的监管力度，防范市场风险，保护消费者权益。

创新监管：鼓励保险公司开展创新业务和产品试点，为行业发展提供有力支持。同时加强对创新业务的监管和指导，确保其合法合规经营。

【案例】

新能源汽车保险技术创新与应对技术挑战的具体实践

　　某知名保险公司（以下简称"X保险公司"）在新能源汽车保险领域面临数据整合难度大、风险评估模型复杂以及技术应用落地难等技术挑战。为了克服这些挑战，X保险公司采取了一系列创新措施，并成功实现了技术突破和服务升级。

　　一、技术挑战

　　数据整合难度大：新能源汽车涉及的数据来源广泛且分散，包括车辆行驶数据、充电记录、维修记录等，数据格式和标准不统一，给数据整合带来了很大难度。

　　风险评估模型复杂：新能源汽车的技术特点导致其风险评估是一个复杂且多维度的问题，需要综合考虑车辆性能、驾驶习惯、充电行为等多个因素，传统风险评估模型难以适用。

　　技术应用落地难：新技术如大数据、人工智能等在新能源汽车保险领域的应用仍处于探索阶段，技术成熟度不足且成本高，导致技术应用落地困难。

　　二、解决方案与具体实践

　　1. 建立数据共享与整合平台

　　X保险公司与汽车制造商、充电运营商等签订了数据共享合作协议，明确了数据共享的范围、方式和责任；制定了新能源汽车保险数据收集、处理和分析的标准规范，确保数据的一致性和可比性；投入资源建设了新能源汽车保险数据共享与整合平台，实现了多源数据的实时接入、清洗、整合和分析。

　　2. 优化风险评估模型

　　X保险公司与高校和研究机构合作，引入了机器学习、深度学习等先进算法，对新能源汽车的出险特征进行深入挖掘和分析。基于历史赔付数据和实时监测数据，定期对风险评估模型进行迭代优化，提高模型的准确性和时效性。利用优化后的风险评估模型，实现了新能源汽车保险的个性化定价策略，可根据车辆性能、驾驶习惯等因素为不同车主提供差异化的保费方案。

　　3. 推动技术创新与应用

　　X保险公司开发了基于物联网和大数据的智能诊断与预警系统，实时监测车辆状态并预测潜在故障，为车主及时提供维修建议；推出了便捷的在线理赔服务平台，车主可以通过手机APP或网页端完成报案、查勘、定损和理赔等流程，大大缩短了理赔周期；结合新能源汽车的环保特性，推出了绿色出行奖励计划，鼓励车主绿色出行。

　　4. 加强监管力度

　　密切关注新能源汽车保险相关的政策法规动态，确保公司的业务活动符合监管要求。加强内部审核和培训工作，提高员工对新技术、新业务的认知能力和操作能力，确保业务合规运行。

三、成效与影响

通过上述措施的实施,X保险公司成功克服了新能源汽车保险领域的技术挑战,实现了技术突破和服务升级。

- 数据整合能力显著提升,为风险评估和产品设计提供了有力支持。
- 风险评估模型更加精准有效,为个性化定价和风险管理提供了科学依据。
- 技术创新与应用成果显著,提升了保险服务的智能化水平和用户体验。
- 监管合规能力得到加强,为公司的稳健发展提供了有力保障。

这些成效不仅提升了X保险公司在新能源汽车保险领域的竞争力,也为整个行业的健康发展树立了标杆。

第三节　未来发展趋势

学习目标

1. 理解区块链技术在汽车保险中的应用原理与潜在优势,能够阐述区块链的基本概念,识别其在汽车保险领域中的具体应用场景,并评估其对保险行业的影响。

2. 掌握人工智能与自动化理赔的工作机制与效益,能够描述人工智能技术在汽车保险理赔中的应用现状,分析自动化理赔流程的优势并预测其未来发展趋势。

3. 认识绿色保险与可持续发展的重要性,能够阐述绿色保险的定义、特点及其在推动汽车行业可持续发展中的作用,探讨绿色保险产品的设计与实施策略。

学习指导

1. 通过学习新技术在保险领域的应用,拓宽技术视野,了解行业前沿动态。
2. 深入理解绿色保险理念,树立可持续发展观念,为环保事业贡献力量。
3. 通过趋势分析与前瞻思考,培养对未来汽车保险市场的敏锐洞察力和预见性。
4. 结合理论学习与实践应用,提升分析问题、解决问题及创新设计的能力。

一、区块链技术在保险领域的深度应用

重塑信任机制:区块链的去中心化、不可篡改特性为汽车保险行业提供了全新的信任建立方式。通过区块链技术,保险公司、车主、维修厂等各方可以共同维护一个安全、透明的数据环境,减少信息不对称和欺诈行为的发生。这种信任机制的建立将大大降低保险行业的

运营成本,提高服务效率。

优化数据管理:区块链技术可以实现数据的实时共享与同步,确保车辆事故信息、维修记录等关键数据的准确性和一致性。保险公司可以利用这些数据进行更精准的风险评估和定价决策,同时为客户提供更加个性化的保险服务。此外,区块链技术还可以帮助保险公司实现数据的长期保存和可追溯性,为未来的风险管理和产品创新提供有力支持。

提高透明度:区块链的分布式账本特性使得每一笔交易和每一个数据点都可以被公开验证和追溯。这种高度的透明度不仅有助于提升保险公司的公信力,还可以增强消费者对保险产品的信任感。同时,透明度的提高还可以促进保险市场的公平竞争和良性发展。

二、人工智能与自动化理赔的创新实践

智能化决策支持:AI技术通过机器学习和深度学习算法对海量数据进行处理与分析,为理赔流程提供智能化的决策支持。例如,通过图像识别技术自动识别车辆损伤程度,通过自然语言处理技术自动处理理赔文件等。这些技术的应用不仅提高了理赔的准确性和效率,还减轻了人工负担,降低了运营成本。

个性化服务体验:AI技术还可以根据客户的历史数据和行为模式为其提供个性化的保险服务体验。例如,通过分析客户的驾驶习惯和车辆使用情况,为其推荐合适的保险产品;在理赔过程中根据客户的具体需求提供定制化的解决方案等。这种个性化的服务体验有助于提升客户的满意度和忠诚度。

融合创新:AI技术与区块链等其他技术的融合将进一步推动保险理赔的创新发展。例如,通过区块链技术确保理赔数据的真实性和不可篡改性,再通过 AI 技术进行智能化的处理和分析,从而实现更加高效、精准的理赔服务。这种融合创新不仅将提升保险理赔的整体效率,还将为保险行业带来更多的商业机会和更大的发展空间。

三、绿色保险与可持续发展的战略思考

引领绿色转型:绿色保险作为推动汽车行业乃至整个经济体系向可持续发展转型的重要工具,其战略意义不言而喻。通过设计绿色保险产品如新能源汽车专属保险、低碳驾驶奖励保险等,可以激励企业和消费者采取更加环保的生产和消费方式,从而推动整个社会的绿色发展。

发挥政策引导与市场机制的作用:政府可以通过税收优惠、补贴等政策手段引导企业和消费者参与绿色保险市场;同时通过建立完善的市场机制如绿色信贷、绿色债券等,促进绿色保险市场的健康发展。政策引导和市场机制的结合将为绿色保险提供有力的支持和保障,推动其更好地服务于可持续发展目标。

思考未来趋势:随着全球对环境保护和气候变化的关注度不断提高,绿色保险市场将迎来更加广阔的发展前景。未来,绿色保险产品将更加多样化、个性化,以满足不同企业和消费者的需求;同时,绿色保险服务也将更加智能化、便捷化,以提升客户的满意度和体验度。此外,随着技术的进步和市场的成熟,绿色保险还将与更多领域实现融合创新,如绿色金融、智慧城市等,共同推动社会的可持续发展进程。

练习题

一、选择题

1. 自动驾驶技术的普及预计会如何影响车辆事故率？（　　）

A. 显著增加　　　　B. 显著减少　　　　　C. 保持不变　　　　　D. 难以预测

2. 下列哪项技术可以帮助保险公司更准确地评估风险？（　　）

A. 物联网　　　　　B. 区块链　　　　　　C. 大数据　　　　　　D. 虚拟现实

3. 在汽车保险新技术中，区块链技术主要被应用于（　　），以提高透明度和安全性。

A. 实时监控车辆行驶状态　　　　　B. 自动化理赔流程中的欺诈检测

C. 改进保险合同的存储和验证　　　D. 预测车辆故障和维修需求

4. 电动汽车相比传统燃油车，在保险风险评估中需要特别关注（　　）这个风险因素。

A. 发动机故障　　B. 电池安全　　　　　C. 油耗问题　　　　　D. 排放问题

5. 电动汽车的普及将推动保险公司开发哪些专属保险产品？（　　）

A. 涉水险　　　　　B. 划痕险　　　　　　C. 电池延保　　　　　D. 代步车费用险

6. 自动驾驶技术的发展对哪个汽车保险领域的影响最为显著？（　　）

A. 第三者责任险　　B. 车辆损失险　　　　C. 盗抢险　　　　　　D. 驾驶员责任险

7. 大数据技术如何帮助保险公司提高风险评估的准确性？（　　）

A. 通过社交媒体分析客户的信用记录

B. 收集并分析客户的驾驶行为数据

C. 预测未来交通事故的地点和时间

D. 监控客户的个人生活习惯

8. 人工智能在车险理赔中的应用不包括（　　）。

A. 自动化理赔流程　　　　　　　　B. 智能识别欺诈行为

C. 直接与客户进行面对面沟通　　　D. 预测理赔成本

9. 电动汽车相比传统燃油车，在保险定价时通常会考虑哪个额外因素？（　　）

A. 燃油经济性　　B. 排放等级　　　　　C. 电池续航里程　　　D. 发动机功率

10. 电动汽车的普及对车险市场可能带来的主要挑战是（　　）。

A. 保费收入减少　　　　　　　　　B. 维修成本降低

C. 电池安全风险增加　　　　　　　D. 客户需求减少

二、填空题

1. 互联网＋汽车保险是指利用互联网技术平台和服务模式对传统汽车保险行业进行深度改造和创新的一种_____。

2. 互联网汽车保险的模式下，保险公司需要更加开放地与其他行业主体进行合作，共同探索新的业务模式和服务方式，通过跨界合作，实现_____，共同推动汽车保险行业的生态发展。

3. 用户可以通过互联网渠道快速获取车险报价，并在线完成投保流程，大大缩短了_____。

4. 用户可以随时随地通过互联网渠道获取保险服务,享受更加_____的保险体验。

5. 远程查勘是线上理赔流程中的一个重要环节,它利用现代通信技术,如_____等,使查勘员无须亲临现场即可完成事故损失情况的调查与确认。

6. 定制化保险方案:基于车主的_____等数据,智能推荐最适合车主的保险方案,满足个性化需求。

三、问答题

1. 简述互联网＋汽车保险的含义。

2. 线上投保与理赔的优势有哪些?

3. 简述线上理赔的流程。

四、案例分析题

当事人小陈购买了一辆新能源汽车并购买了全险。在使用过程中,车辆突然发生自燃事故,原因是电池故障。当事人小陈向保险公司提出索赔请求,要求赔偿车辆的损失以及自燃事故造成的附带损失。保险公司拒绝了当事人小陈的索赔请求,认为该损失属于保险责任范围外。

问题:你认为保险公司这样处理合理吗?

第八章练习题答案

附录 A 相关法律法规汇编

一、基本法律法规

《中华人民共和国保险法》

这是中国保险行业的基本法律,规范了汽车保险各个环节的运作和管理。该法律确立了保险人、投保人、被保险人的权利和义务,明确了保险合同的订立、履行和解除等方面的规定,还规定了保险公司的资质要求、经营范围和监管措施等内容,以保证保险市场的健康发展。

《机动车交通事故责任强制保险条例》

该条例对机动车交通事故责任强制保险(交强险)的投保、理赔等进行了详细规定,明确了交强险的保障范围、赔偿限额、投保义务等内容,是汽车保险中不可或缺的一部分。

二、配套法律法规

《中华人民共和国道路交通安全法》

这部法律主要关注的是道路交通管理,但它与汽车保险密切相关。该法律规定了道路交通的基本规则、交通信号的使用、驾驶执照的颁发和使用等内容。在汽车保险中,该法律对交通事故的责任认定和赔偿提供了一定的法律依据,有助于保险公司和被保险人解决理赔纠纷。

三、行业规范性文件

《保险代理人监管规定》

内容概述:规范了保险代理人的资格条件、执业行为、监督管理等方面的内容,以确保保险代理市场健康有序发展。

《互联网保险业务监管办法》

内容概述：针对互联网保险业务的特点，明确了监管要求、业务规则、风险管理等方面的内容，以保护消费者权益，促进互联网保险业务的规范发展。

《银行业保险业消费投诉处理管理办法》

内容概述：规定了银行业和保险业消费投诉的处理程序、时限、责任等方面的内容，以确保消费者投诉得到及时、公正的处理。

《金融机构客户身份识别和客户身份资料及交易记录保存管理办法》

内容概述：要求金融机构在与客户建立业务关系或进行交易时，必须识别客户身份，并妥善保存客户身份资料和交易记录，以防范洗钱、恐怖融资等违法犯罪活动。

《关于银行保险机构加强消费者权益保护工作体制机制建设的指导意见》

内容概述：强调了银行保险机构在消费者权益保护方面的责任和义务，要求建立健全消费者权益保护工作机制，加强内部管理和监督，确保消费者权益得到有效保护。

《关于规范金融机构资产管理业务的指导意见》

内容概述：对金融机构的资产管理业务进行了全面规范，明确了产品分类、投资范围、杠杆限制等方面的要求，以防范金融风险，保护投资者利益。

四、其他相关法律法规

地方层面的法律法规：各省市可能结合地方实际情况制定了具体的机动车商业保险管理办法等地方性法规，对商业车险的承保、理赔等进行了规范。

国际法律法规：如《国际道路交通公约》等国际法律文件，规定了缔约国之间的车辆保险制度，促进国际道路交通的便利。同时，国际保险监督官协会（IAIS）等国际组织也推动了各国在汽车保险监管方面的合作与交流。

五、保险公司自律规范

保险公司自律规范：为了保证汽车保险市场的秩序和良性竞争，保险公司推出了一系列自律规范。这些规范包括保险行业职业道德规范、保险销售行为规范、理赔服务规范等。这些规范在汽车保险市场中具有重要的指导作用。

附录 B 常用保险术语解释

（1）保险人：又称承保人，是指与投保人签订保险合同，并承担赔偿或给付保险金责任的保险公司。

（2）投保人：与保险人签订保险合同，并按照保险合同负有支付保险费义务的车辆所有人或管理人。

（3）被保险人：按照保险合同，在发生交通事故之后，享有保险金请求权的人。投保人往往就是被保险人。

（4）保险责任：保险人承担的经济损失补偿或人身保险金给付的责任，即保险合同中约定由保险人承担的危险范围，在发生交通事故之后所负的赔偿责任，包括损害赔偿、责任赔偿、保险金给付、施救费用、救助费用、诉讼费用等。

（5）责任限额：保险人承担赔付保险金责任的最高限额。交强险条款中的责任限额是指被保险车辆发生交通事故，保险人对每次事故所有受害人的人身伤亡、医疗费用和财产损失所分别承担的最高赔偿金额。

（6）责任免除：根据法律规定或保险合同约定，保险人对某些风险造成的车辆损失不承担赔付保险金的责任。

（7）车辆损失险：机动车辆保险的基本险别之一，以车辆本身为保险标的，被保险车辆遭受保险责任范围内的自然灾害（不包括地震）或意外事故，造成保险车辆本身损失时，保险人依照保险合同的规定给予赔偿。

（8）第三者责任险：又称机动车第三者责任强制保险，是指被保险人或其允许的驾驶人员在使用被保险车辆过程中发生意外事故，致使第三者遭受人身伤亡或财产直接损毁，依法应当由被保险人承担的经济责任，保险公司负责赔偿。

（9）交强险：全称为机动车交通事故责任强制保险，是由保险公司对被保险机动车发生道路交通事故造成受害人(不包括本车人员和被保险人)的人身伤亡、财产损失,在责任限额内予以赔偿的强制性责任保险。

(10)不计免赔险:一种附加险,用于弥补主险中因事故责任免赔率而需要车主自行承担的部分,购买后保险公司将承担全部损失赔偿责任。

(11)风险变更通知:投保人或被保险人由于工作场所、设备、业务种类或其他变更,导致风险有显著增加或减少时,投保人以书面形式向保险公司发出的通知。

(12)保险事故:保险人按照保险合同的约定需承担保险责任的各种事故或者事件。

(13)风险事故/风险事件:可能引起经济损失或人员伤亡的不可预见的事件。

(14)损失事件:有可能引起受益人提出损失索赔的一次事故,包括死亡、偷窃、车祸和住院等。

(15)意外事件:外来的、突发的、非本意的、非疾病的使被保险人身体受到伤害或财产遭受损失的客观事件。

(16)出险:在保险责任有效期间内,因发生保险事故导致保险标的出现经济损失的过程。

(17)近因:造成保险标的损失的最直接、最有效并起主导作用或支配作用的原因,而不是时间或空间上与损失最接近的原因。

(18)近因原则:保险事故发生后,保险人以最具支配影响或最有效原因作为损失起因的原则。

(19)交通事故:车辆在道路上因过错或者意外造成人身伤亡或者财产损失的事件。

(20)车辆损失/车损:车辆因碰撞原因(两车相撞或与其他物体相撞)或非碰撞原因(自然灾害、火灾和爆炸等意外事故)引起的损失。

(21)全险:通常指包含了车辆损失险、第三者责任险、盗抢险、车上人员责任险等主要险种的综合保险,但并非真正意义上的"全部保险",因为还可能存在某些特定风险的免赔或除外责任。

(22)盗抢险:保险车辆全车被盗窃、被抢劫、被抢夺,经县级以上公安刑侦部门立案证实,满一定时间(一般为三个月)未查明下落,由保险人在保险金额内予以赔偿的保险。

(23)车上人员责任险:又称座位险,指的是被保险人允许的合格驾驶员在使用保险车辆过程中发生保险事故,致使车内乘客人身伤亡,依法应由被保险人承担的赔偿责任,保险公司会按照保险合同进行赔偿。

(24)玻璃单独破碎险:车辆在使用过程中,发生本车玻璃单独破碎(不含天窗玻璃)的损失,保险公司会按照实际损失进行赔偿的保险。

(25)划痕险:车辆在使用过程中,被他人剐划(无明显碰撞痕迹)需要修复的费用,由保险公司进行赔付的保险。

(26)涉水险:或称发动机特别损失险,是一种新衍生的险种,主要针对车辆在积水路面涉水行驶或被水淹后致使发动机损坏的情况提供保障。但如果被水淹后车主还强行启动发动机而造成了损害,那么保险公司将不予赔偿。

(27)指定修理厂险:投保人在投保时要求车辆在出险后可自主选择具有被保险机动车辆专修资格的修理厂进行修理,并愿意为此支付相应的保险费。

(28)免赔额:由保险人和被保险人事先约定,损失额在规定数额之内,被保险人自行承担损失,保险人不负责赔偿的额度。

（29）免赔率：保险人对按照其保险责任范围应予赔偿的部分，按照一定的百分比免予赔偿，被保险人需自行承担这部分损失。

（30）代位追偿：因第三者对保险标的的损害而造成保险事故的，保险人自向被保险人赔偿保险金之日起，在赔偿金额范围内代位行使被保险人对第三者请求赔偿的权利。

（31）解释：在保险期限内，保险合同当事人依照法律规定的条件和程序，在协商一致的基础上，对保险合同的某些条款进行修改、补充或删除的行为。

（32）退保：投保人在保险合同成立后，因某种原因申请解除保险合同，保险人同意后，根据法律规定或合同约定，退还部分或全部保险费的行为。

（33）续保：保险合同即将期满时，投保人向保险人提出申请，要求延长该保险合同的期限或重新办理保险手续的行为。

（34）保险单：简称保单，是保险人与投保人签订保险合同的书面证明，是投保人已经履行了保险费的交付义务，并开始了保险人承诺的保险责任的证明文件。

（35）批单：保险人签发的同意被保险人变更保险单内容要求的书面文件，是保险合同的补充部分，与保单具有同等的法律效力。

（36）保险费：简称保费，是投保人为取得保险保障，按保险合同约定向保险人支付的费用。

（37）保险金额：保险人承担赔偿或者给付保险金责任的最高限额。

（38）保险价值：投保人与保险人订立保险合同时，作为确定保险金额基础的保险标的的价值。

（39）不定值保险合同：双方当事人在订立保险合同时不预先确定保险标的的保险价值，而是按照保险事故发生时保险标的的实际价值确定保险价值的保险合同。

（40）定值保险合同：双方当事人在订立保险合同时，预先约定保险标的的保险价值，并在保险单中载明的保险合同。

（41）无赔款优待：保险车辆在上一年保险期限内无赔款，续保时可享受无赔款减收保险费优待，优待金额为本年度续保险种应交保险费的 10%。

（42）保单贷款：投保人将所持有的保单抵押给保险公司，按照保单现金价值的一定比例获得资金的一种借贷方式。这种贷款方式通常用于解决短期资金需求。

（43）自燃损失险：又称自燃险，指因本车电器、线路、供油系统发生故障及运载货物自身原因起火燃烧，造成车辆损失，以及被保险人在发生本保险事故时，为减少车辆损失所支出的必要合理的施救费用，保险人负责赔偿的保险。

（44）新增设备损失险：车辆发生碰撞等意外事故造成车上新增设备的直接损毁时，保险公司按实际损失赔偿的保险。新增设备通常指除车辆原有设备以外，被保险人另外加装的设备及设施。

（45）随车行李物品损失险：被保险人或其允许的驾驶人员在使用保险车辆过程中发生保险事故，致使保险车辆上所载物品遭受直接损毁，依法应由被保险人承担的经济损失，保险公司负责赔偿的保险。

（46）道路救援服务：保险公司为被保险人提供的在车辆出现故障或事故时，现场维修、拖车、送油、换胎等紧急救援服务的保险附加服务。

（47）全球救援服务：类似道路救援服务，但覆盖范围更广，可能包括国际旅行中的车辆救援服务。

（48）车灯/倒车镜单独损坏险：车辆车灯或倒车镜因特定原因（如碰撞、盗窃等）单独损坏时，保险公司负责赔偿的保险。

（49）事故责任免赔率：在车辆事故中，根据被保险人车辆所承担责任的比例，保险公司决定不予赔偿的这部分比例。

（50）绝对免赔率：无论事故责任如何，被保险人都需要自行承担一定比例的损失金额。

（51）指定驾驶员：在保险合同中指定的可以驾驶被保险车辆的驾驶员，非指定驾驶员驾驶车辆时可能面临更高的免赔率或保险责任限制。

（52）保险期限：保险合同的有效期限，即从保险合同生效到终止的时间段。

（53）保险起期：保险合同开始生效的日期。

（54）保险止期：保险合同终止的日期。

（55）临时保险：为短期需求提供的临时性保险，如车辆过户期间的临时保险。

（56）续保率：保险合同到期后，被保险人选择继续投保的比例。

（57）拒保：保险公司因风险评估等因素，拒绝为特定车辆或人员提供保险的行为。

（58）保险代理人：代表保险公司向潜在客户推销保险产品，并协助完成投保手续的专业人员。

（59）保险经纪人：为投保人提供保险咨询、设计保险方案、协助办理投保手续，并代表投保人利益与保险公司进行谈判的专业人员。

（60）保险欺诈：故意制造虚假事故或夸大损失程度，以骗取保险金的行为。

（61）理赔：保险事故发生后，被保险人向保险公司提出索赔，保险公司根据保险合同进行损失核定和赔付的过程。

（62）理赔时效：保险公司处理理赔案件的时间限制，超过时效未处理的，可能面临法律责任。

（63）定损：在理赔过程中，对受损车辆或物品进行损失评估和确定损失金额的过程。

（64）推定全损：车辆遭受保险事故后，虽然未达到完全损毁或灭失的状态，但修复费用接近或超过车辆实际价值的 80%，从而被视为全损。保险公司通常会按照车辆的实际价值进行赔付，并取得车辆的所有权。

（65）事故认定书：由交通管理部门在交通事故发生后出具的法律文书，用于认定事故责任方和事故原因。在保险理赔过程中，事故认定书是确定保险责任的重要依据。

（66）修理厂选择权：被保险人在车辆受损后，有权选择自己信任的修理厂进行维修，而保险公司需按照合同约定的方式进行赔付。

（67）原厂配件：由汽车制造商或其指定的供应商生产的配件，与车辆原装配件完全相同。在保险理赔中，被保险人可能要求使用原厂配件进行维修。

（68）非原厂配件：非汽车制造商或其指定供应商生产的配件，可能与车辆原装配件在品质、性能上存在差异。在保险理赔中，使用非原厂配件可能会影响赔付金额或维修质量。

（69）免现场查勘：在特定情况下（如轻微事故、双方责任明确等），保险公司可能允许被保险人直接报案并提供相关资料进行理赔，无须现场查勘。

（70）先赔付后修车：保险公司在收到被保险人报案并初步确定保险责任后，先向被保险人支付部分或全部赔款，待车辆修复后再进行最终结算的理赔方式。

（71）快速理赔通道：保险公司为简化理赔流程、提高理赔效率而设立的快速处理轻微事故的理赔通道。通常要求事故责任明确、损失较小且双方无异议。

（72）代位追偿权：当保险标的因第三者责任造成损失时，保险公司在向被保险人赔付后，有权代替被保险人向第三者进行追偿的权利。

（73）追偿时效：保险公司行使代位追偿权的时间限制。超过时效未行使追偿权的，可能丧失追偿权利。

（74）交强险浮动费率：机动车交通事故责任强制保险（交强险）的保费根据被保险车辆上一年的出险情况进行浮动调整的制度。出险次数越多，保费越高；反之则越低。

（75）商业险折扣系数：商业车险保费在基准费率基础上根据被保险车辆的风险状况、历史出险记录等因素进行折扣调整的系数。折扣系数越低，保费越优惠。

（76）保单查询：被保险人通过保险公司提供的渠道（如官网、APP、客服热线等）查询自己保单信息（如保险期限、保险金额、赔付记录等）的行为。

（77）电子保单：保险公司以电子数据形式签发的保险单，与纸质保单具有同等的法律效力。被保险人可通过手机、电脑等设备随时查看和下载电子保单。

（78）保单批改申请书：被保险人在保险期限内因某些原因需要变更保险合同内容时，向保险公司提交的书面申请。保险公司审核同意后，将出具批单对原保险合同进行相应修改。

（79）续保提醒：保险公司在被保险人的保险合同即将到期时，通过短信、电话、邮件等方式提醒其及时续保的服务。

（80）自动续保：被保险人在保险合同到期前与保险公司约定自动续保条款，保险公司将在合同到期时自动为其办理续保手续的服务。

（81）增值服务：保险公司为提升客户满意度而提供的额外服务，如道路救援、代驾服务、车辆年检提醒等。

（82）保险中介：介于保险人与被保险人之间，专门从事保险业务咨询、风险评估、保险方案设计、保险产品销售及理赔协助等服务的机构或个人。

（83）风险评估：保险公司对被保险车辆及其驾驶人的风险状况进行评估的过程，以确定其保险费率或是否接受承保。

（84）核保：保险公司对投保申请进行审核并决定是否接受承保的过程。核保过程中会综合考虑被保险车辆的风险状况、驾驶人的驾驶记录等因素。

（85）保险责任范围：保险合同中明确规定的，保险公司对于何种风险事故造成的损失承担赔付责任的条款。

（86）除外责任：保险合同中明确列出的，保险公司不承担赔付责任的情形或风险。

（87）保险条款解释权：当保险合同中的条款存在争议时，由保险公司或相关监管机构对条款进行最终解释的权利。

（88）未决赔案：已经报案但尚未处理完毕的保险理赔案件。

（89）结案率：一定时期内已处理完毕的理赔案件数量占赔案总数的比例，是衡量保险公司理赔效率的重要指标。

（90）报案时效：被保险人在发生保险事故后，向保险公司报案的时间限制。超过报案时效未报案的，可能影响保险公司的理赔处理。

（91）异地出险：被保险车辆在保险地以外的地区发生保险事故的情况。在异地出险时，被保险人需按照保险公司的要求提供相关资料并进行理赔申请。

（92）第三方直赔：在某些情况下，被保险人可以直接将车辆送至指定修理厂进行维修，并由保险公司与修理厂直接结算维修费用的理赔方式。

(93) 预付赔款:在理赔过程中,保险公司根据初步评估结果提前向被保险人支付部分赔款的行为。预付赔款有助于缓解被保险人的经济压力。

(94) 追偿案件:保险公司代位被保险人向第三者追偿的案件。在追偿案件中,保险公司将代表被保险人进行法律诉讼或协商以追回损失。

(95) 通赔服务:保险公司为被保险人提供的在全国范围内(或指定区域内)的异地理赔服务。通赔服务有助于简化理赔流程,提高理赔效率。

(96) 保险事故证明:用于证明保险事故发生的证据材料,如事故认定书、照片、视频等。在理赔过程中,被保险人需要提供保险事故证明以支持其索赔请求。

(97) 保险欺诈调查:保险公司对涉嫌保险欺诈的案件进行调查的过程。保险欺诈调查旨在查明事实真相,保护保险公司和广大被保险人的合法权益。

(98) 投保人告知义务:投保人在投保时应如实告知与保险标的有关的重要情况(如车辆状况、驾驶人资质等)的义务。违反告知义务可能导致保险合同无效或保险公司拒赔。

(99) 保单质押贷款:投保人将具有现金价值的保单作为质押物,向保险公司或金融机构申请贷款的行为。保单质押贷款有助于解决短期资金需求。

(100) 保险合同解除:保险合同双方当事人在合同有效期内,依法定或约定事由提前终止合同效力的行为。保险合同解除后,双方权利义务关系终止。

(101) 批改通知书:保险公司对保险合同进行批改后,向被保险人出具的书面通知。批改通知书将详细列明批改内容及其生效日期等信息。

(102) 保险代理人执业证:保险代理人从事保险代理业务所需持有的职业资格证书。保险代理人执业证是保险代理人合法执业的重要凭证。

(103) 保险经纪人执业证:与保险代理人执业证类似,但针对的是保险经纪人。保险经纪人执业证是保险经纪人合法从事保险经纪业务的必要条件。

(104) 保险行业协会:由保险公司、保险中介机构等组成的行业自律组织。保险行业协会旨在维护行业秩序、促进公平竞争、保护消费者权益等方面发挥积极作用。

附录 C　保险公司联系方式与网站

1. 中国人民保险集团股份有限公司(中国人保)

简介:成立于 1949 年,是综合性保险(金融)公司,世界五百强之一,旗下拥有多家专业子公司,业务覆盖财产险、人身险、再保险等多个领域。

客服热线:95518

网址:http://www.picc.com

2. 中国人寿保险(集团)公司

简介:中国人寿保险(集团)公司属国有大型金融机构,前身是中国人民保险公司,现已发展成为保险、投资、银行三大业务板块协同发展的综合性金融保险集团,在中国保险市场居领先地位。

客服热线:95519

网址:https://www.chinalife.com.cn

3. 中国平安保险(集团)股份有限公司

简介:中国平安保险(集团)股份有限公司集保险、银行、投资三大主营业务为一体,是中国第一家以保险为核心的,融证券、信托、银行、资产管理、企业年金等多元金融业务为一体的综合金融服务集团。

客服热线:95511

网址:https://www.pingan.com

4. 中国太平洋保险(集团)股份有限公司

简介:中国太平洋保险(集团)股份有限公司是在 1991 年 5 月 13 日成立的中国太平洋保险公司的基础上组建而成的保险集团公司,总部设在上海。

客服热线：95500

网址：https://www.cpic.com.cn

5. 中国太平保险集团有限责任公司

简介：中国太平保险集团有限责任公司简称中国太平，于1929年在上海创立，业务范围涵盖寿险、财险、养老保险、再保险、互联网保险、资产管理、金融租赁等领域。

客服热线：95589

网址：https://www.cntaiping.com

6. 新华人寿保险股份有限公司

简介：新华人寿保险股份有限公司（简称新华保险）成立于1996年9月，是国有控股上市寿险公司、中投直管企业、《财富》和《福布斯》世界500强企业之一。

客服热线：95567

网址：https://www.newchinalife.com

7. 泰康人寿保险有限责任公司

简介：泰康人寿保险有限责任公司成立于1996年，总部位于北京，隶属于泰康保险集团股份有限公司。

客服热线：95522

网址：https://www.taikanglife.com

8. 阳光保险集团股份有限公司

简介：阳光保险集团股份有限公司是国内七大保险集团之一，成立于2005年7月。

客服热线：95510

网址：https://www.ygbx.com

9. 中华联合保险集团股份有限公司

简介：中华联合保险集团股份有限公司（简称中华保险）始建于1986年7月15日，前身是新疆生产建设兵团农牧业生产保险公司，是新中国成立之后我国成立的第二家国有控股保险公司。

客服热线：95585

网址：https://www.cic.cn

10. 中邮人寿保险股份有限公司

简介：中邮人寿保险股份有限公司是由中国邮政集团公司与多家大型国有企业共同发起设立的全国性寿险公司。

客服热线：400-890-9999

网址：https://www.chinapost-life.com

11. 中信保诚人寿保险有限公司

简介：中信保诚人寿保险有限公司（简称中信保诚）是由中国中信集团和英国保诚集团联合发起创建的一家中外合资保险公司。

客服热线：4008-838-838

公司网址：https://www.citic-prudential.com.cn

12. 工银安盛人寿保险有限公司

简介：工银安盛人寿保险有限公司由中国工商银行、法国安盛集团和中国五矿集团三家实力雄厚的中外股东合资组建。

客服热线：95359

公司网址：https://www.icbc-axa.com

13. 瑞泰人寿保险有限公司

简介：瑞泰人寿保险有限公司是经中国银行保险监督管理委员会批准成立的一家全国性寿险公司。

客服热线：400-810-9339

公司网址：https://www.oldmutual-chnenergy.com

14. 中意人寿保险有限公司

简介：中意人寿保险有限公司是由中国石油天然气集团公司和意大利忠利保险有限公司合资组建的人寿保险公司。

客服热线：956156

公司网址：https://www.generalichina.com.cn

15. 富德生命人寿保险股份有限公司

简介：富德生命人寿保险股份有限公司是一家全国性大型寿险公司，拥有强大的资本实力和业务规模。

客服热线：95535

公司网址：https://www.sino-life.com

16. 渤海人寿保险股份有限公司

简介：渤海人寿保险股份有限公司是一家全国性的专业寿险公司，致力于为客户提供全面的保险产品和服务。公司秉持"诚信、稳健、创新、共赢"的核心价值观，不断满足客户的多元化保险需求。

客服热线：400-866-7668

公司网址：https://www.bohailife.net

17. 光大永明人寿保险有限公司

简介：光大永明人寿保险有限公司由中国光大集团股份公司和加拿大永明金融集团联合组建，是一家拥有强大股东背景的中外合资寿险公司。公司致力于为客户提供专业的保险解决方案和优质的服务体验。

客服热线：95348

公司网址：https://www.sunlife-everbright.com

18. 农银人寿保险股份有限公司

简介：农银人寿保险股份有限公司由中国农业银行股份有限公司等发起设立，是一家全国性的人寿保险公司。公司依托农业银行的资源和网络，为客户提供全面的保险服务。

客服热线：400-779-5581

公司网址：https://www.abchinalife.com

19. 德华安顾人寿保险有限公司

简介:德华安顾人寿保险有限公司由山东省国有资产投资控股有限责任公司与德国安顾集团股份公司、德国安顾人寿保险股份公司共同投资组建,是一家注重长期稳健发展的保险公司,为客户提供专业的保险产品和服务。

客服热线:400-888-0011

公司网址:https://www.ergo-life.cn

20. 渤海财产保险股份有限公司

简介:渤海财产保险股份有限公司是一家全国性的财产保险公司,业务覆盖车险、企财险、责任险等多个领域。公司秉承"客户至上,诚信服务"的宗旨,为客户提供高效、便捷的保险服务。

客服电话:956017

公司网址:https://www.bpic.cn

21. 中英人寿保险有限公司

简介:中英人寿保险有限公司由英国英杰华集团与中国中粮资本投资有限公司共同组建,是一家中外合资的寿险公司。公司致力于为客户提供全面的保险解决方案和优质的服务体验。

客服热线:95545

公司网址:https://www.aviva-cofco.com.cn

参 考 文 献

[1] 杨帅.汽车保险与理赔[M].北京:航空工业出版社,2022.

[2] 吴冬梅.汽车保险与理赔[M].北京:人民交通出版社,2018.

[3] 李金艳,张红英.汽车保险与理赔[M].北京:机械工业出版社,2016.

[4] 黄旭,李冬冬.汽车保险与理赔[M].北京:北京邮电大学出版社,2021.

[5] 张彤.汽车保险与理赔[M].2版.北京:清华大学出版社,2014.

[6] 赵长利,李景芝.汽车保险与理赔[M].北京:机械工业出版社,2020.